Je n'en peux plus du patron

Alain Barbier

Table des matières

Préface

Il existe de nombreuses raisons pour lesquelles les gens échouent ou réussissent dans la vie. Il existe également de nombreux points de vue sur la signification de l'échec et de la réussite, mais nous sommes tous d'accord pour dire que la plupart des personnes qui réussissent choisissent leur propre voie au lieu de travailler pour quelqu'un d'autre. Ils créent leur propre entreprise et évitent la vie de salarié de 9 à 5.

Ce livre offre quelque chose de très précieux à toute personne en quête de succès. Il vous présente 29 histoires de personnes qui ont abandonné leur emploi à cause de leur patron. Chaque histoire donne un aperçu différent du type de friction qui peut se produire entre un employé et son patron.

La beauté de ce livre ne réside pas dans les histoires. Elle réside dans le résultat de leur lecture. Vous comprendrez pourquoi vous devez quitter votre emploi et devenir entrepreneur. Vous saurez pourquoi vous devez suivre votre propre voie pour réussir. La vie est trop courte pour regretter les choses, mais rien n'est pire qu'une vie construite sur la peur et l'hésitation.

Ce livre vous rappellera également qu'il n'existe pas de "sécurité" dans le monde moderne. Il s'agit d'une jungle d'un genre tout à fait nouveau. C'est la jungle numérique et la vie telle que nous la connaissons disparaît peu à peu pour laisser place à quelque chose de nouveau. Ce livre vous aidera à faire la lumière sur ce nouveau monde et sur les raisons pour lesquelles vous devez aller de l'avant et faire le grand saut.

La lecture de ces 29 histoires vous permettra de découvrir la réalité de ceux qui les ont écrites et de voir comment leurs expériences les ont convaincus de la valeur de prendre ses propres risques dans la vie au lieu d'essayer de jouer la carte de la sécurité dans un environnement de travail très instable. Une bonne façon de décrire le livre "Sick of the Boss" est de le qualifier de "révélateur de l'ère moderne".

Chaque histoire vous aidera à voir les choses d'un point de vue complètement différent, et c'est la raison pour laquelle ce livre est si puissant et efficace. Il vous permet d'avoir une vision complète d'une réalité virtuelle - qui vous aidera à éviter d'avoir à l'expérimenter vous-même.

JP Mahoney

Je me suis battu pendant ma première année de lycée. Un type s'en prenait à moi. C'était une sorte de brute et il s'en prenait à moi dans l'aire de déjeuner. C'était une sorte de zone commune, à l'extérieur, mais tout le monde se tenait là et mangeait son repas.

Ce type s'en prenait toujours à tout le monde, il m'a un peu énervé et il a commencé à s'en prendre à moi, mais contrairement à beaucoup de gens qui ont reculé, je ne l'ai pas fait. Nous avons donc tourné en rond. J'ai été placé dans ce qu'ils appelaient le sac, qui était l'équivalent de l'isolement pendant trois jours.

Vous alliez vous asseoir dans une salle, face à une petite cabine, et vous faisiez votre travail scolaire. Vos devoirs étaient envoyés par vos professeurs dans cette salle et un seul moniteur surveillait tout le monde dans cet environnement. J'ai été placé dans cette salle et, bien sûr, si vous n'avez personne à qui parler (mes parents recevaient des notes de l'école qui disaient : "C'est un garçon brillant mais il parle trop").

Si vous n'aviez pas le temps de parler ou de vous amuser, vous pouviez faire votre travail scolaire très rapidement. En quelques heures, je faisais tous les devoirs de mes professeurs, puis je restais assis à chercher quelque chose à faire.

Je faisais partie de la classe de photojournalisme de l'école et je suivais des cours de photographie. J'avais déjà signé pour l'année suivante afin de faire partie de l'équipe du journal. Je suis donc allé voir le professeur qui enseignait notre cours de journalisme et ils venaient juste d'avoir des ordinateurs McIntosh pour la première fois. Ils venaient de les recevoir et, en fait, ils ne les utilisaient même pas cette année. Ils allaient les utiliser l'année suivante.

L'enseignante avait les manuels des ordinateurs et un livre intitulé "La Bible du Macintosh". J'ai donc apporté tous ces livres dans cette classe d'isolement et lorsque j'avais terminé mon travail scolaire, je sortais ces livres, je les lisais d'un bout à l'autre et je prenais des notes. Ensuite, je retournais à l'heure du déjeuner et après les cours, je m'asseyais et j'appliquais mes connaissances sur l'ordinateur. J'ai littéralement appris à utiliser l'ordinateur et à faire du graphisme et des arts graphiques.

L'année suivante, en cours de journalisme, j'ai attrapé le virus de l'édition et, en fait, j'avais l'habitude de respecter les délais et d'aider à terminer le journal. Je l'accompagnais à Gladewater, au Texas, dans une petite imprimerie et j'attendais que les journaux soient imprimés et prêts à être ramenés le lendemain à l'école pour être publiés dans le journal en question. Cela me fascinait de voir les journaux sortir de la presse et de voir comment tout le processus fonctionnait. À un moment donné, en cours de route, je suis tombé amoureux de l'idée de publier. Je me souviens de m'être promené en voiture à Tyler, au Texas, John, en regardant les bâtiments et en me demandant lequel d'entre eux serait assez grand pour abriter un jour mon empire de l'édition. À l'époque, je conduisais une Pontiac Lemans de 78 dont la garniture de toit pendait et dont le levier de vitesse était cassé, mais j'avais ce grand rêve de créer quelque chose qui aurait un impact sur le monde.

J'ai imaginé des projets pour différents magazines, publications et journaux. Pendant ma dernière année de lycée, j'ai également travaillé comme reporter indépendant pour un petit journal hebdomadaire. J'ai réalisé quelques articles pour eux, j'ai pris des photos lors de quelques événements locaux et d'autres choses de ce genre. Cela m'a permis de me familiariser avec le métier. Je rêvais de créer ma propre entreprise, de me mettre à mon compte. Lorsque j'ai quitté le lycée, j'ai passé l'été avec mon cousin, un artiste de musique chrétienne. À cette époque, j'avais entre 18 et 19 ans, quelque part dans cette zone. J'ai eu cette idée, ce slogan, et j'ai fini par le mettre sur un t-shirt. Il disait que le christianisme est cool quand on considère l'alternative. Le mot "cool" avait comme un glaçage et le mot "alternative" avait des flammes. J'ai trouvé ça vraiment cool.

J'ai créé des modèles de t-shirts, je les ai payés et je les ai fait imprimer ici, localement. J'en ai vendu à des églises, à des groupes de jeunes et à d'autres groupes de ce genre. Au fur et à mesure que j'avançais, j'ai créé d'autres modèles. J'ai fini par trouver une douzaine de slogans et de modèles de t-shirts différents que je trouvais intéressants. J'ai créé une petite société autour de cela, j'ai créé ma première DVA, une société appelée Cool Alternative, et j'ai démarré.

Le problème, c'est que je n'avais pas d'argent pour lancer mon entreprise, comme c'est le cas pour beaucoup de gens qui se battent. Et, bien sûr, à 19 ans, je n'avais aucune expérience dans le domaine des affaires, ma famille n'ayant pas vraiment fait d'affaires. Mon père et mon grand-père étaient des prédicateurs et je me souviens qu'à l'âge de 10 ou 11 ans, mes parents ont ouvert une librairie chrétienne qui n'a pas bien marché. Je n'avais aucune connaissance, aucune expérience, aucun mentor, personne pour m'aider dans le processus de création d'entreprise.

. . .

Ensuite, j'ai trouvé des femmes à Houston, deux partenaires qui possédaient une très, très grande entreprise de sérigraphie. Elles fabriquaient des t-shirts pour des artistes de musique country, pour MTV, pour tout un tas de gens différents, et elles disposaient de toutes les installations et de tout l'équipement nécessaire. Je suis allé les rencontrer pour leur demander de réaliser mes dessins et de les imprimer. Nous nous sommes assis et ils étaient en train de regarder tous ces dessins différents et la directrice de l'entreprise a fini par me dire : "Vous savez quoi ? Vous avez besoin de partenaires. Ceux-ci sont excellents. Ils travaillaient beaucoup avec le marché chrétien, les églises, les groupes de jeunes, les camps d'été, les camps chrétiens, etc. Elle a dit que c'était fantastique. Vous devriez très bien vous en sortir, mais vous avez besoin de quelqu'un pour vous aider à les imprimer.

Ils sont devenus mes premiers partenaires en affaires et ont financé la production de toutes les chemises. C'est amusant, ma femme et moi nous sommes mariés quand j'avais 20 ans. Elle en avait 21. Je me souviens qu'au début de notre mariage, nous avions une petite maison de deux pièces, d'une superficie d'environ 1 200 mètres carrés. Il y avait une salle à manger très petite et je me souviens que lorsque nous avons reçu tous ces dessins de cette société, ils sont devenus très agressifs. Bien sûr, ils étaient habitués aux grandes entreprises et à la haute finance et ils ont donc imprimé les 12 modèles. Ils ont imprimé des petits, des moyens, des grands et des très grands. Ils ont imprimé des sweat-shirts et quelques douzaines de chemises de chaque taille et de chaque motif. Si vous commencez à faire le calcul, vous vous rendrez compte que, très rapidement, nous nous sommes retrouvés avec des tas de boîtes de t-shirts.

Nous les avons placées dans notre salle à manger et ma femme garde un souvenir pas très agréable des grands auto-collants jaunes fluorescents sur le côté de ces boîtes qui indiquaient petit, moyen, grand, extra-large. C'est ainsi que nous en sommes arrivés là. Nous pensions que nous étions en affaires, mais le problème était que je savais comment créer des choses, mais je ne savais pas comment les vendre. Je n'avais aucune expérience de la vente. Les t-shirts n'al-laient nulle part. Nous avons parlé à quelques groupes de jeunes et à quelques librairies chrétiennes et, malheureuse-ment, à l'époque, il y avait une société - nous n'allions pas nous mesurer à elle. Ils ne savaient probablement même pas que nous existions, mais cette société avait une véritable emprise sur le marché des t-shirts chrétiens et il était prati-quement impossible de convaincre qui que ce soit de jeter un coup d'œil à quoi que ce soit de nouveau. Nous avions quelques petites librairies qui les achetaient et quelques groupes d'églises, mais rien d'important. C'était un énorme échec. C'était mon premier échec et nous avons fini par dissoudre le partenariat. Les deux femmes qui avaient apporté l'argent ont pris le stock et prévoyaient d'une manière ou d'une autre de l'escompter et de l'envoyer à certains de ces groupes chrétiens. J'ai repris les droits sur mes dessins et modèles, elles m'ont versé un petit pécule et nous avons poursuivi notre route.

C'était ma première incursion dans le monde de l'entreprise et, comme pour beaucoup d'entrepreneurs, certains réussissent, d'autres non, et le mien n'a pas réussi.

Je pense que beaucoup de gens s'arrêteraient là.

C'est la plus grosse erreur que font tant de gens, vous savez, il y a beaucoup d'erreurs que l'on peut faire dans les affaires. L'une d'entre elles est de s'arrêter. La deuxième, c'est d'essayer de continuer tout seul. Vous savez, si j'avais recommencé à travailler, encore et encore, ce que j'ai fait sans jamais rien apprendre de nouveau, je me serais retrouvé à chaque fois dans la même situation. Et vous savez, j'ai fait des erreurs, mais j'ai toujours dit ceci : cela ne me dérange pas de faire des erreurs, mais je ne veux pas faire les mêmes erreurs.

Je pense qu'il y a fondamentalement trois types de personnes dans ce monde. Ils sont stupides, intelligents ou prospères. Les personnes stupides n'apprennent jamais de leurs propres erreurs, les personnes intelligentes le font, mais les personnes qui réussissent apprennent des erreurs des autres. Si vous parvenez à rester dans la catégorie des personnes intelligentes et prospères, vous réussirez dans la vie. Vous apprenez de vos propres erreurs et, de préférence, vous essayez de trouver d'autres personnes qui ont commis les mêmes erreurs et d'apprendre d'elles.

Réfléchissez un instant. N'importe qui peut aller chercher un livre dans sa bibliothèque. Cela ne lui coûte pas un centime. Il peut se rendre à la bibliothèque. Il prend le livre, le ramène chez lui et, pendant le week-end, il apprend ce que quelqu'un d'autre a mis 20 ans à apprendre et évite les mêmes erreurs, les mêmes frustrations et les mêmes souffrances que cette personne. C'est ce que j'ai fait. Je me suis entouré de mentors, mais je me suis aussi complètement immergé dans des programmes audio et vidéo et dans des livres. Ma bibliothèque est immense et je lis des tonnes de biographies de personnes qui ont réussi ; et si vous lisez ces livres, vous constaterez qu'elles ont également échoué. Et c'est ce qui m'a permis d'arriver là où je suis, c'est la capacité et la volonté de ne pas abandonner, mais aussi d'apprendre de mes erreurs et de chercher d'autres personnes qui ont déjà accompli ce que j'ai accompli.

L'histoire des t-shirts s'est déroulée en même temps que mon emploi. C'était une activité secondaire et je travaillais dans une imprimerie. Lorsque je suis revenu de l'été avec mon cousin, je suis allé travailler dans une imprimerie.

Je suis allé travailler dans une imprimerie locale où je faisais de la conception, des arts graphiques et ce genre de choses sur ordinateur. Nous gérions cette entreprise en même temps. C'était difficile parce que je mettais de l'énergie dans l'entreprise. Je travaillais bien, mais ce n'était pas mon travail qui m'intéressait. Un jour, je suis arrivé en retard au travail et mon patron m'a convoqué dans son bureau et m'a dit que votre travail était excellent mais que nous ne pouvions pas continuer ainsi et il m'a licencié. C'est drôle parce que j'ai dépensé des tonnes et des tonnes d'argent dans cette imprimerie au fil des ans parce que, vous savez, ils font du bon travail, mais le type qui m'a licencié est encore là aujourd'hui, il dirige toujours l'imprimerie. Je veux dire, regardez-le comme vous voulez, je suppose que sa vie est ce qu'elle est. Mais les pires choses de la vie sont parfois les meilleures.

Nous avons cherché à savoir ce que nous allions faire. C'était avant que la publication assistée par ordinateur ne soit largement répandue et accessible à tous. La technologie existait, mais elle n'était pas encore largement adoptée, de sorte que la plupart des imprimeries de l'époque étaient encore en train d'évoluer à partir de l'ancienne typographie. Je ne me souviens même plus du nom de ces gadgets, mais ils imprimaient des caractères en galettes que l'on découpait et collait sur des feuilles en utilisant de la cire, de la colle ou n'importe quoi d'autre.

Ce que nous proposions, c'était de réaliser des compositions complètes sur ordinateur et de les imprimer sur une imprimante laser. J'ai fait le tour du marché et j'ai très vite commencé à prendre des clients pour la composition de caractères. En fait, je n'avais aucun moyen de faire le travail. C'est quelque chose de différent chez moi, John. Je sais que beaucoup de gens restent toute leur vie à contempler leur marine et à essayer de savoir ce qu'ils veulent faire. J'ai toujours été le genre de personne à commencer quelque chose et à le mettre en œuvre, puis à trouver comment le réaliser.

J'avais un homme qui dirigeait un petit journal hebdomadaire classé, dont nous reparlerons dans une minute, mais il dirigeait ce journal hebdomadaire classé et il avait des capacités de composition. Il ne l'utilisait que trois jours par semaine et pas beaucoup. Je suis allé le voir et je lui ai demandé si je pouvais conclure un accord avec vous pour que vous utilisiez votre équipement et que vous fassiez cette composition. Il me connaissait depuis un certain temps et faisait partie de ces types plus âgés, pas un vieux type mais plus âgé que moi, qui s'intéressaient à moi et qui m'ont dit : "Vous savez, quoi ? Oui, j'aimerais que vous preniez de l'avance. Pendant une très courte période, je dirais probablement trois ou quatre semaines, j'ai fait tout le travail que je récupérais dans les imprimeries, dans le bureau de ce type, sur ses ordinateurs d'arts graphiques. Il s'agissait également d'ordinateurs McIntosh.

Vous savez, ce qui commence comme une bonne affaire se transforme parfois en une moins bonne affaire. À un moment donné, il a vu des signes de dollars dans ses yeux lorsqu'il a vu combien d'affaires nous faisions et il a voulu former un partenariat et bla, bla, bla. J'ai dit non, je ne pense pas.

Au lieu de cela, ma femme et moi avons rassemblé chaque centime que nous pouvions et nous avons acheté une petite installation avec un ordinateur McIntosh, une imprimante laser, un scanner et un télécopieur. J'ai créé l'entreprise dans la pièce principale de notre maison et nous avons démarré. Elle s'est développée très rapidement en fait. J'étais douée pour le travail. À notre apogée, nous réalisions des travaux de typographie pour 15 imprimeries de la région, ainsi que pour un certain nombre d'entreprises indépendantes, d'agences de publicité et d'autres acteurs de ce type. C'était l'activité suivante. C'était une réussite en termes de trésorerie, mais nous avons constaté que de plus en plus d'imprimeries commençaient à se doter de leur propre matériel de publication assistée par ordinateur et de composition.

Il y a eu quelques personnes qui sont apparues sur le radar en faisant les choses de manière indépendante, mais elles n'ont pas vraiment été une force aussi importante que l'évolution du secteur. Vous savez, nous prenons parfois pour acquis ce que nous avons vécu et l'impact que cela a sur nous, mais c'est quelque chose que je vois chez les entrepreneurs d'aujourd'hui : ils ne prêtent pas suffisamment attention à ce qui se passe autour d'eux et ils continuent à faire la même chose, encore et encore, et tout d'un coup ils lèvent les yeux un jour et leur entreprise a changé, elle est en déclin et ils n'ont pas réalisé qu'elle était en train de leur tomber dessus. C'est quelque chose qui nous est arrivé lorsque les imprimeries ont commencé à se doter de leur propre équipement de composition ou d'arts graphiques, et que l'activité s'est lentement éteinte. À l'époque, ils pouvaient payer quelqu'un 7 ou 8 dollars de l'heure, ce qui était à peu près le tarif en vigueur pour un compositeur, pour venir composer des documents alors que je leur facturais, disons, 10 ou 15 dollars pour la mise en page d'une carte de visite, ce qui correspondait aux petits travaux, et jusqu'à 40, 50, 100 dollars pour les formulaires et autres choses du même genre. Ils pouvaient faire appel à quelqu'un pour produire plusieurs articles en une heure de temps et être là et disponible à tout moment de la journée pour les mettre en page, au lieu de nous payer trois, quatre, cinq fois plus cher et d'envoyer le travail à l'extérieur.

L'entreprise a évolué et changé et, une fois de plus, je me suis retrouvée à faire des pieds et des mains pour essayer de comprendre ce que nous allions faire. Et l'une des choses qui est apparue au fur et à mesure que nous développions l'entreprise et que nous faisions davantage de travaux de conception pour des tiers, c'est que je me suis rendu compte que j'avais un don pour créer de la publicité. Avec le recul, je me rends compte que je n'y connaissais rien, mais qu'à l'époque, j'étais au moins capable de créer une publicité qui avait de l'allure. Je ne dirai pas à quel point elle aurait été réussie en termes de rédaction, de titre ou de toute autre chose que je connais aujourd'hui, mais il s'agissait certainement d'un produit de qualité que nous pouvions produire.

Nous avons commencé à gagner des clients de cette manière et nous avons fait évoluer l'entreprise d'une entreprise de composition vers une sorte d'agence de publicité pour la conception d'imprimés. À l'époque, nous n'étions pas actifs dans le domaine de la radiodiffusion. Nous nous y sommes mis plus tard, mais nous faisions de la conception d'imprimés. Je ne me souviens plus à quel moment, c'est un peu flou pour moi, mais à un moment donné, nous avons vu une publication de voyage. Il me semble que nous étions en vacances, ou en voyage, et que nous avons vu une publication de voyage. Ma femme et moi sommes arrivés à la conclusion que cette région avait besoin d'une telle publication dans toute la région de l'est du Texas.

Nous sommes revenus et avons eu l'idée d'un magazine intitulé "Escape to East Texas". C'était le début de ma carrière de commercial, qui consistait à créer des entreprises autour de la capacité à sortir et à vendre des produits. J'ai commencé à vendre de la publicité pour cette publication. Nous avons obtenu l'approbation de la Chambre de commerce pour cette publication. Cela nous a aidés. Je pense que c'était en quelque sorte ma première coentreprise ou alliance, quand j'y repense aujourd'hui. Je ne l'ai jamais vraiment identifiée comme telle. C'était la première fois que j'avais l'aval d'une autre organisation sur mon produit. Nous avons commencé à vendre de la publicité. Nous avons créé ce magazine et il a eu du succès. Il a gagné de l'argent.

Nous avons décidé d'en faire un à Shreveport. Nous sommes allés vendre de la publicité à Shreveport et en avons fait une pour la région du nord-est de la Louisiane. C'était une bonne chose. À l'époque, j'ai repensé à certains de mes échecs en affaires et l'un d'entre eux était qu'à chaque fois que nous commencions à nous voir réussir, je commençais à m'étendre, comme nous avons fini par avoir un bureau. Ensuite, nous avons embauché du personnel et nous avons acheté plus d'équipement.

Je vois des entrepreneurs faire cela maintenant et c'est l'une des choses que j'essaie de leur faire comprendre. Vous savez, investir dans votre entreprise n'est pas mauvais du tout, mais beaucoup trop d'entrepreneurs voient une étincelle de succès et puis tout d'un coup, ils commencent à dépenser de l'argent à un rythme tel que si cette étincelle de succès s'estompe, ils ne peuvent pas vraiment maintenir les engagements qu'ils ont pris. Même aujourd'hui, si l'on considère les petites leçons de la vie, nous avons découvert des moyens de faire croître les entreprises qui permettent d'éviter de dépenser beaucoup d'argent ou de prendre d'énormes engagements, qu'il s'agisse d'externaliser ou de créer une coentreprise avec quelqu'un pour tirer parti de son équipement, de son expertise, de ses installations ou de toute autre chose. Il y a des moyens d'y parvenir et de construire une entreprise sans s'engager dans quelque chose dont vous ne pourrez pas vous défaire si les choses se dégradent un peu.

Le message ici est un peu comme l'autre côté de l'élan entrepreneurial, c'est-à-dire qu'il faut mesurer le chemin parcouru avant de passer à l'action. C'est un peu comme dans cette tendance, regardez à l'intérieur et voyez ce que vous avez et construisez à partir de cela au lieu de vous développer à un rythme qui serait très difficile à maintenir.

Quoi qu'il en soit, tout allait bien. Nous avions le bureau. Des gens travaillaient pour nous. Nous faisions des travaux de conception pour des entreprises. J'avais quelque peu évolué. Nous avions les magazines à l'époque, ce qui était naturel. Ils s'imposaient parce que nous faisions des travaux d'impression et de conception graphique, mais j'avais fait évoluer l'entreprise en tant que telle, car nous commencions à accepter davantage de travaux de placement publicitaire et à nous rapprocher d'un environnement d'agence de publicité traditionnelle. Et j'avais surtout des petites entreprises, des entreprises locales et régionales.

Et tout à coup, une femme a emménagé dans l'immeuble où je travaillais, deux portes plus loin. J'ai découvert devant la cafetière qu'elle était directrice du marketing d'une entreprise locale qui venait d'entrer en bourse. Il s'agissait d'une société de télécommunications. Ils étaient en train d'acquérir d'autres bureaux dans d'autres marchés partout dans le monde dans le cadre de leur croissance et de leur acquisition pour leur offre publique et pour soutenir tout ce qu'ils avaient fait.

Je l'ai prise comme petite cliente pour laquelle nous faisions juste un peu de travail graphique. Nous nous sommes bien entendus. Ils n'avaient vraiment pas de place pour elle, alors ils lui ont aménagé un bureau et elle a fonctionné de manière quelque peu autonome par rapport à l'entreprise en tant que directrice du marketing. C'est elle qui m'a permis d'accéder à l'entreprise. Je n'ai jamais rencontré les autres personnes. Il me semblait qu'une fois quelqu'un passait à son bureau et je le rencontrais, mais je traitais principalement avec elle. Et ils payaient leurs factures. Nous faisions un travail pour eux et ils payaient leurs factures. Nous faisions un travail et ils payaient leurs factures.

Je pourrais ajouter que, simultanément, quelque part dans le processus, cela me ramène à mon travail d'éditeur, mais nous avions le magazine et vous vous souvenez que je vous ai parlé du type qui avait le petit journal hebdomadaire des petites annonces ?

À un moment donné, il a décidé de se retirer de ce secteur et j'ai fini par lui acheter ce journal. Nous l'avons donc acheté. Nous avons apporté tout l'équipement, quelques personnes et, bien sûr, toutes les installations qui vont avec, comme les kiosques. Nous avions des centaines et des centaines de kiosques dans tout l'est du Texas où ce petit hebdomadaire était distribué. Nous avons fait appel à des gens pour assurer la distribution et tout le reste. Quoi qu'il en soit, nous avions cette partie de l'opération.

Une fois de plus, cela nous a permis d'augmenter considérablement notre flux de trésorerie. Et nous-mêmes, vous savez, voici un homme qui avait alors 23 ans, quelque part dans le voisinage, 22-23 ans, et qui ne savait toujours pas ce qu'il ne savait pas. Et je veux dire que nous volions haut, mais le problème était que je dépensais littéralement tout ce que nous faisions pour le réinvestir dans la société. De plus, je prenais des engagements en matière d'équipement et de personnel et je ne me rendais pas compte du coût de l'activité.

Par exemple, les petites choses qui se transforment en grandes choses comme les retenues à la source, les taxes sur les ventes et toutes ces choses différentes dont, encore une fois, personne ne m'avait jamais averti. Je regardais le gros chiffre du haut en me disant que tout allait bien. Nous avons des liquidités.

Pour en revenir à l'histoire de cette femme, nous l'avons engagée et avons effectué quelques travaux pour elle, puis nous avons commencé à recevoir de plus en plus d'appels d'offres de leur part. À un moment donné, ils se sont tournés vers nous, ou elle l'a fait, et nous ont dit que nous voulions que vous vous occupiez de toute notre publicité si vous pouviez le faire. Il s'agissait principalement de publi-cité imprimée, avec un peu de radio. J'avais rencontré un homme qui travaillait pour une station de radio locale et qui avait fait des ventes pour nous, des ventes d'annonces, pour ce petit journal classé. Je lui ai rendu visite et je lui ai dit ce que je voulais faire. Il a fini par venir travailler avec nous, il faisait des voix off, il écrivait des publicités, des spots. Il s'occupait du placement des annonces et, vous savez, c'était notre spécialiste de la radio.

Nous l'avons fait venir et il a commencé à s'occuper du

travail pour cette société cotée en bourse. Les chiffres sont devenus très vite importants. Plus gros que tout ce que j'avais vu.

C'est toujours passionnant.

Nous étions très enthousiastes et je pouvais imaginer que ce serait notre ticket d'entrée pour le niveau supérieur. Malheureusement, je n'ai rien vu venir et, en sachant ce que je sais aujourd'hui, avec le recul, j'aurais dû m'impliquer davantage avec les gens de l'entreprise au lieu de me contenter de cette seule personne comme contact. Et l'autre chose que je n'aurais pas faite, avec le recul, c'est que je n'aurais pas pris les engagements que j'ai pris pour soutenir toute cette bête que nous étions en train de construire. Je veux parler de l'équipement, nous nous sommes développés. Nous avons loué plus d'espace de bureau dans ce bâtiment, ou loué plus d'espace de bureau, nous avons pris des engagements à long terme, nous avons embauché plus de personnes. C'était un moteur qui tournait, mais je devais continuer à mettre de l'essence dans le réservoir aussi vite que possible.

Quoi qu'il en soit, une semaine, elle n'est pas venue pendant plusieurs jours. Et je me suis dit : hmmm, c'est bizarre. Je l'aurais su parce qu'elle était là, dans notre immeuble. Elle passait devant nous et nous avions des conversations régulières.

Finalement, on a découvert qu'elle avait été licenciée et qu'elle ne faisait plus partie de l'entreprise. Non seulement elle était mon lien vital avec l'entreprise, mais ils nous considéraient comme une partie d'elle. Ils voulaient en finir avec tout ce qui la concernait. De plus, nous avions fait de la publicité en leur nom auprès de toutes les stations de radio, ce qui représentait beaucoup d'argent. Je veux dire des dizaines de milliers de dollars. Il s'agissait de 60 000 ou 80 000 dollars de publicité placée et nous avions des factures. Toutes les factures portaient notre nom et, avec le recul, je me dis que c'était de la folie. J'étais propriétaire unique, donc tout dépendait de JP. Tout dépendait de moi. La société a déclaré qu'elle n'avait pas autorisé le placement de cette publicité. C'est tout simplement insensé, mais avec le recul, je me rends compte que nous avons été laissés dans l'embarras. J'avais d'énormes engagements. J'avais d'énormes engagements sur les frais généraux avec lesquels nous avions développé la société. Et nous venions de perdre notre principale source de revenus. C'était très effrayant.

J'avais alors 25 ans et le journal marchait plutôt bien. Nous avons concentré notre attention sur ce secteur en essayant d'augmenter la publicité et de le faire fonctionner, mais nous n'arrivions pas à en tirer suffisamment d'argent pour garder la tête hors de l'eau. J'ai commencé à laisser partir des gens. Il n'y a pas de sentiment comme - je suppose qu'il y a un sentiment. Il y a des sentiments pires dans la vie, mais il y a un sentiment horrible quand vous devez faire venir votre personnel, l'asseoir sur un canapé et lui dire que non seulement votre travail est terminé, mais que je n'ai pas les moyens de vous payer pour la semaine que vous venez de terminer. Vous savez, je n'ai pas d'argent.

C'est toujours une mauvaise nouvelle le lundi matin. *Mauvaise nouvelle.* Nous nous sommes effondrés et avons brûlé avec fureur. Nous avons perdu notre maison. Nous avons perdu nos voitures. Nous avons déménagé dans un appartement. La vie a changé. Heureusement, nous n'avions pas d'enfants à l'époque. C'est le seul point positif de toute cette histoire, je pense, c'est que nous n'avons pas eu d'enfants. Nous avons au moins pu nous adapter et changer de vie. Ce fut une période sombre pour nous. J'ai fait tout ce que je pouvais pour travailler. À un moment donné, j'ai livré des pizzas pour Dominoes. J'ai vendu des chaussures pour femmes chez Foley's. Cela vous dégagera les sinus. En fait, je me suis bien débrouillée et j'ai bien gagné ma vie. J'ai dit que je gagnais bien ma vie en travaillant pour quelqu'un d'autre.

J'ai été serveuse au restaurant Olive Garden. Je suis allé couper des arbres avec mon beau-père qui avait une entreprise d'élagage en Louisiane. On s'est débrouillés, on a fait tout ce qu'on pouvait.

Je me souviens qu'à cette époque, nous avons entamé notre procédure de faillite et je me souviens d'avoir été assis dans une petite pièce juste à l'extérieur de l'endroit où l'on allait tenir notre audience. Et, bien sûr, ils ne sont pas gentils avec vous. Ils vous placent dans une salle d'attente avec tous vos créanciers. C'est comme mettre un poisson d'or dans un aquarium à requins. Nous étions assis dans la salle, face à tous nos créanciers et, bien sûr, ils nous regardaient tous, moi et ma femme, de l'autre côté de la pièce. C'était un événement horrible.

Je me souviens d'avoir été assis là et de m'être dit : "Vous savez, on ne peut pas tomber plus bas que ça. C'est à peu près tout ce qu'il y a de pire. Et puis, je me suis aussi dit que j'avais raison, qu'il n'y avait rien de pire que ça.

Cela signifie que nous ne pouvons qu'aller de l'avant à partir d'ici. Je me suis alors assis et je me suis fait deux promesses. La première promesse que je me suis faite, c'est que je n'abandonnerais jamais mon rêve de créer une entreprise prospère et, vous savez, j'ai repensé à l'époque où, lycéen, je me promenais en ville en regardant les bâtiments et en pensant à mon entreprise, à l'empire et à tout le reste. J'ai décidé au fond de moi que je n'abandonnerais pas.

Je me suis souvenu d'un panneau qui était accroché dans le bureau de mon grand-père et qui disait que les gagnants n'abandonnent jamais et que les abandonneurs ne gagnent jamais, ce qui nous semble presque banal aujourd'hui parce que nous l'avons tous entendu à maintes reprises. À ce moment-là, cela signifiait beaucoup pour moi, car j'avais besoin de m'accrocher à quelque chose et de m'emparer de quelque chose.

L'autre promesse que je me suis faite, c'est que je chercherais, chercherais et chercherais les secrets de ce qu'il faut pour réussir en tant qu'entrepreneur et que je n'abandonnerais jamais tant que je n'aurais pas découvert ce que c'est pour moi, vous savez. Je pense que c'est différent pour tout le monde. Je pense que vous avez une formule que vous pouvez donner aux gens pour développer une entreprise, mais vous n'avez pas toujours de formule pour savoir comment construire une vie et comment être un créateur d'entreprise prospère, alors les gens abordent cela à des niveaux différents. Certains ont besoin d'accroître leur confiance en eux. Certains ont besoin de développer leurs compétences. Certains ont besoin de développer leur capacité à penser stratégiquement. Je veux dire par là qu'il y a toutes les différentes pièces du puzzle et que les gens y arrivent à des niveaux différents.

Je me suis fait ces deux promesses et, vous savez, j'aimerais dire que nous sommes sortis de cette pièce ce jour-là et que tout s'est arrangé, mais ce n'est pas le cas. Je veux dire que j'ai quand même dû retourner en arrière, faire face à la musique et passer par tout le processus de liquidation de notre vie. Nous sommes passés par là. Comme je l'ai dit, j'ai fait tout ce que j'ai pu pour payer les factures et allumer la lumière dans notre appartement. C'était un moment très sombre.

Nous venions de commencer à fréquenter une église assez nouvelle pour nous. Je pense que nous y étions depuis quelques semaines ou quelques mois. L'homme que j'y avais rencontré travaillait dans le domaine de l'assurance, mais il aidait les personnes âgées qui étaient sur le point d'entrer dans un centre de soins infirmiers ou dans un centre de soins de longue durée. Ils les aidaient à trouver des véhicules et des moyens de protéger leurs actifs. Le marché des personnes âgées, comme certains l'appellent, était son marché cible. Quoi qu'il en soit, ce type était parti en Californie pour assister à une conférence. Il est revenu de la conférence et je l'ai vu un jour à l'église et il m'a dit, mec, j'ai trouvé cette publication là-bas, et il avait entendu dire que j'avais été dans le secteur de l'édition auparavant. Il m'a dit que j'avais vu cette publication lorsque j'étais en Californie et que j'en avais pris un exemplaire. Je vais vous l'apporter et vous le montrer. Il m'a dit qu'il s'agissait d'une sorte de guide de ressources pour les personnes âgées, destiné au marché des personnes âgées. Il m'a dit que nous n'avions rien de tel ici. Il m'a dit que si vous pouviez trouver un moyen de le faire fonctionner, je serais votre premier annonceur.

J'ai pensé, hmmm, vous savez. Voici

1) Je connais la publicité.

2. je connais l'édition.

Je veux dire que c'était un tournant, vous savez. Nous avons tous ces tournants dans notre vie. J'ai reçu la publica-tion de lui, l'échantillon, je l'ai regardé et j'ai tout de suite vu comment je pensais que cela pourrait fonctionner et j'ai aussi vu des choses que je pensais pouvoir améliorer. Nous nous sommes dit que nous pouvions monter ce projet. À un moment donné, ma femme, qui est très créative pour faire avancer les choses, a commencé à chercher une maison. Nous n'avions jamais acheté de logement sans apport, mais elle était déterminée.

Elle avait décidé que nous allions quitter l'appartement pour nous installer dans une maison. Et elle a trouvé un logement. Nous sommes allés rencontrer l'homme. C'était une maison avec deux garages derrière. L'homme l'avait mise en vente par le propriétaire.

Nous sommes allés le rencontrer et nous avons fini par négocier un accord pour l'acheter sans acompte et avec un financement du propriétaire. Même si nous venions de subir une horrible faillite, nous avons pu quitter l'appartement et acheter une maison, et la beauté de la chose, c'est que les deux appartements du garage à l'arrière ont presque entièrement payé la note de la maison. C'était notre première expérience de l'effet de levier ; nous sommes donc plus âgés, plus sages et plus intelligents à ce stade. Je veux dire des morceaux à la fois.

Nous avons payé le prix pour apprendre.

Nous avons démarré cette nouvelle activité dans la pièce principale de cette nouvelle maison dans laquelle nous venions d'emménager, ou qui était nouvelle pour nous.

C'était amusant parce que j'ai créé ce que nous appelons un mannequin ou une maquette du magazine, parce que j'avais des compétences en graphisme. J'ai collé des morceaux de papier ensemble, je les ai copiés au format 11x17, je les ai assemblés et j'ai fait en sorte qu'ils ressemblent à un magazine, en noir et blanc, sans couleur. J'ai imprimé une couverture de ce que je pensais être la couverture de la première fois. Ma femme s'est assise à la maison, nous avons dressé une liste des annonceurs potentiels et elle a appelé chacun d'entre eux à l'aide d'un script vraiment magique. Nous avons utilisé ce script à maintes reprises. Je lui reconnais le mérite de l'avoir inventé, mais c'était un script magique pour obtenir les noms des personnes à contacter. Elle a appelé et obtenu les noms de toutes les personnes à contacter et nous leur avons envoyé une lettre de présentation de la publication en leur disant que je les contacterais. En l'espace de six semaines, j'ai littéralement vendu la publication à prix d'or. Et nous ne parlons pas d'affaires. Nous n'avions rien, rien. Tout ce que j'avais, c'était une petite maquette de ce à quoi cela ressemblerait.

Voici ce qu'il en est. Nous avons également collecté une grande partie de l'argent à l'avance, ce qui nous a permis d'avoir de l'argent, des liquidités et une entreprise. C'est ce que je dis aux gens. Vous savez, certaines personnes lisent un livre. Cela me rend fou. Ils lisent un livre qui dit qu'il faut s'attendre à un an ou deux avant d'atteindre le seuil de rentabilité dans son entreprise. C'est de la foutaise. Qui est à l'origine de ce contrat ? Je ne le sais pas. Je ne pouvais pas me permettre de faire ça. Je devais sortir et gagner de l'argent.

Oui, c'est le cas de certaines entreprises. Je veux dire qu'il y a des entreprises qui peuvent vous coûter de 200 000 à 1 million de dollars ou plus en améliorations de capital ; vous savez, les bâtiments, l'équipement et les choses de ce genre. Et il peut s'écouler beaucoup de temps avant que vous n'atteigniez le point de rupture ; les entreprises ont donc des formules différentes. Mais ce que je veux dire, c'est qu'il y a beaucoup de gens qui veulent créer une entreprise. Ils veulent faire quelque chose de leur vie pour entreprendre. Ils ont une idée. Ils ont un concept ou quoi que ce soit d'autre et ils entendent des gens dire des choses comme ça qui sont un mythe absolu et ils pensent que je ne peux pas le faire ou ils vont se lancer et investir tout ce qu'ils ont dans cette entreprise, ou plus que ce qu'ils ont dans une entreprise, et ne pas s'attendre à faire des bénéfices pendant un an ou deux.

Nous n'avons pas eu ce luxe. Nous devions faire des bénéfices très rapidement. Je devais gagner de l'argent. Finalement, nous avons publié le premier ouvrage. Elle a été très bien accueillie. Nous avons commencé à l'appeler "Senior Options". Plus j'avançais sur ce marché, et il y a encore des gens qui l'appellent le marché des seniors, et j'y ai vraiment mis tout mon cœur. Plus nous nous sommes intéressés à ce marché, plus j'ai réalisé que les personnes âgées de 50, 55 ou 60 ans ne se considéraient pas comme des seniors. Nous avons commencé à évoluer et nous avons changé le nom au fil du temps. À un moment donné, nous avons rapetissé le mot "senior" pour en faire "Senior Options" et nous avons ajouté "At 50-Plus". Finalement, nous avons abandonné la partie "senior" et le magazine est devenu "Options at 50 Plus". Il a connu un grand succès. Je veux dire par là que c'est certainement la chose la plus réussie que j'aie faite, sans exception, et ce, par rapport à tout ce que nous avions fait auparavant, même avant nos échecs. Lorsque nous avions l'agence de publicité, le magazine de voyage, les différentes choses, le journal, c'étaient toutes des affaires convenables, mais cette fois-ci, le moment était bien choisi.

En fait, c'est là que j'ai commencé à parler. J'avais l'habitude de faire le tour des clubs de service, des Rotary's, des JC's, des AC's, des DC's, de tous les clubs. J'ai fait un discours intitulé "Les cheveux gris partout, comment profiter du marché des 50 ans et plus". Et chaque fois que je parlais, je vendais de la publicité. Je ne parlais pas beaucoup du magazine. Je me contentais de parler de la croissance du marché et du transfert de richesse qui s'opérait du marché des personnes âgées vers les baby-boomers ou le marché des 50 ans et plus. Toutes les sept secondes et demie, un nouveau baby-boomer atteignait l'âge de 50 ans, et ainsi de suite.

Un retour incroyable !

Quoi qu'il en soit, ce fut un grand succès. C'était un marché formidable pour nous et, vous savez, mon moteur de vision a commencé à redémarrer et à voir que c'était quelque chose qui pouvait être reproduit. Si nous pouvions le faire sur ce marché, nous pourrions le faire sur d'autres marchés. Et c'est ce que nous avons fait pendant plusieurs années. En trois ans, trois ans et demi, nous avons ouvert des publications au Texas, en Louisiane et en Oklahoma.

Ma femme était rédactrice en chef, ou rédactrice exécutive, ce qui signifie qu'elle s'occupait vraiment du contenu du magazine et qu'elle avait un impact considérable sur celui-ci, mais qu'elle s'occupait aussi de l'aspect commercial des choses. Je vendais de la publicité et nous avons fini par faire appel à d'autres personnes pour vendre de la publicité, à d'autres personnes pour la mise en page et la conception. Et nous avons créé une autre entreprise.

Lorsque nous avons essayé de nous développer et, encore une fois, vous savez que vous parlez du flux et du reflux de la vie. Nous essayions de nous développer. J'ai eu cette grande vision dans ma tête que j'avais besoin de beaucoup plus de capital pour grandir aussi vite que nous le voulions et que nous en avions besoin. J'ai discuté avec le gérant de notre immeuble. Il s'est avéré, sans que je m'en rende compte à l'époque, que lui et son associé étaient propriétaires de l'immeuble. Son associé était un banquier et un spécialiste de l'immobilier, et ils s'étaient associés pour acheter cet immeuble. Nous avons discuté et je lui ai dit ce que nous faisions, que nous cherchions peut-être à faire appel à des investisseurs extérieurs pour développer la société et l'amener au niveau que nous souhaitions, car nous voulions nous développer très rapidement à l'échelle nationale et ouvrir de nouveaux marchés très rapidement. Je lui en ai parlé. Il a fini par retourner discuter avec son partenaire et ils nous ont proposé d'investir un certain montant de capital et de prendre une participation dans l'entreprise.

En y repensant aujourd'hui, c'était une erreur, mais à l'époque, c'était le seul moyen d'arriver là où je voulais aller. Sachant ce que je sais aujourd'hui sur les coentreprises et les alliances stratégiques, j'aurais facilement pu développer cette entreprise sans argent extérieur, mais je ne le savais pas à l'époque. Nous avons pris leur argent et ils ont pris une part dans la société. Dès le départ, c'était une erreur. Ce n'était qu'une erreur. Les banquiers n'ont aucune tolérance au risque.

Voici ce qu'il en est pour moi. Vous connaissez maintenant ma tolérance au risque et mon niveau. Nous n'étions pas du tout compatibles. L'agent immobilier, que j'appelais M. Squeaky, était très doué pour surveiller tous les contrôles et s'assurer que tout restait dans les clous en termes de flux de trésorerie et ce genre de choses. Il était très doué pour cela. Mais en fin de compte, il a surtout joué le rôle d'intermédiaire entre moi et son autre partenaire, le banquier, parce que nous étions aux antipodes l'un de l'autre en ce qui concerne la manière dont nous estimions qu'une entreprise devait se développer. Le banquier était encore en train d'essayer de comprendre comment faire de cette entreprise, vous savez, une entreprise locale ou régionale solide et je pensais, vous savez, à une croissance nationale.

Si vous avez l'esprit d'entreprise, vous devez le faire. C'est pourquoi les banquiers ne sont pas de très bons partenaires dans la plupart des cas. Il y aura bien un ou deux banquiers qui écouteront cet enregistrement et qui seront furieux contre moi, mais la plupart des banquiers n'ont pas de tolérance au risque. Ils sont prêts à vous prêter de l'argent si vous n'en avez pas besoin, car ils savent que vous ne ferez pas faillite. Quoi qu'il en soit, ce n'était pas non plus leur domaine d'expertise.

Ce n'était pas leur domaine d'expertise et ils ne comprenaient pas l'activité. Pour faire court, au début de l'année 1999, la situation a commencé à se dégrader et nous avons fait des allers-retours. Nous avions en fait trois options. Ils m'ont racheté et, comme vous l'avez dit, ils ne connaissaient rien à l'édition. Cela aurait été une erreur. Je les ai rachetés et, à ce moment-là, je n'avais pas le capital nécessaire pour le faire. Ou bien nous mettons en vente l'ensemble de la société, chacun prend sa part du gâteau et rentre chez lui. C'est finalement ce que nous avons fait.

Nous l'avons mis en vente et cela n'a pas pris beaucoup de temps. Il y avait un groupe qui s'occupait d'autres publications, d'autres magazines et d'autres choses. Ils sont arrivés, ont acheté la société et l'ont intégrée à ce qu'ils faisaient. Et cela a bien fonctionné. Ils ne l'ont jamais développée comme nous l'avions envisagée, mais nous étions sortis, nous avions de l'argent et nous avons poursuivi notre route.

Ce fut à nouveau un moment de transition, car ma femme m'a dit un jour que vous étiez trop jeune pour prendre votre retraite. Qu'allez-vous faire maintenant ?

C'était en 1999 et j'avais 29 ans.

Je n'ai jamais essayé de tromper qui que ce soit. Ce projet ne nous a pas rendus multimillionnaires. Nous disposions d'une belle petite somme d'argent et, vous savez, nous pouvions la faire fructifier pendant un certain temps. Je ne manquais pas d'argent et je cherchais quelque chose d'autre à quoi consacrer mon cœur.

C'était la vraie question. Et maintenant ? J'avais un coussin, mais que faire maintenant ?

J'ai dit à ma femme que j'avais toujours voulu écrire des livres et faire des conférences. Elle m'a répondu que je pense que vous devriez le faire. En fait, elle me dit affectueusement que j'ai bien choisi. Je suis payé pour parler et dire aux autres ce qu'ils doivent faire.

Je suis allé sur le circuit des conférenciers et j'ai accroché ma plaque en tant qu'orateur professionnel. Et, bien sûr, j'ai une citation. Je ne sais pas si vous avez déjà vu le film "Les Pirates de la Silicon Valley". Mais j'ai une citation que j'utilise dans un grand nombre de mes présentations. Bill Gates y est cité en ces termes : "Le succès est une menace. Il trompe les gens intelligents en leur faisant croire qu'ils ne peuvent pas perdre." Et j'étais l'une de ces personnes. Vous savez, nous avons construit une entreprise prospère, nous l'avons vendue, nous avons eu un peu d'argent, nous nous sentons au sommet du monde et nous sommes prêts à faire des choses plus grandes et meilleures. J'ai décidé de devenir conférencier et d'expliquer aux autres comment réussir comme je l'ai fait, mais je suis tombé à plat.

Le métier de conférencier est probablement l'un des secteurs les plus incompris que j'aie jamais connu. Il n'y a rien de traditionnel ou de normal là-dedans. Pendant six mois, je me suis littéralement tapé la tête contre les murs. En six mois, je n'ai vendu que pour 2 400 dollars de discours, si vous pouvez imaginer. Ce n'était pas très bon. Cela m'a encore brisé le cœur. Nous étions en train de brûler l'argent. Nous avions un taux d'absorption assez décent à ce moment-là. Nous brûlions l'argent, mais il était également décourageant d'essayer et d'échouer, de penser que vous aviez compris comment réussir et d'échouer à nouveau. J'étais sur le point de faire autre chose. En fait, j'avais déjà discuté avec un ami qui vendait des maisons préfabriquées ou des maisons mobiles et j'envisageais avec lui de faire quelque chose avec un terrain et de faire quelque chose de ce genre. Nous essayions de décider ce que nous allions faire. Et, de toute évidence, l'idée de parler ne fonctionnait pas.

Je suis allé à une réunion et j'ai demandé à un homme, président d'une section régionale d'une association de conférenciers, de me donner les noms des cinq plus grands conférenciers de la région qui l'ont fait. Je l'ai invité à déjeuner et je lui ai demandé de me donner les noms des cinq plus grands conférenciers de la région qui ont réellement réussi, et non pas des gens qui disent qu'ils ont réussi, parce qu'il y en a beaucoup qui essaient de faire bonne figure et de dire à tout le monde qu'ils ont réussi dans leur entreprise, mais si vous regardez derrière leur rideau, ce n'est pas le cas.

Il m'a donné le nom de quelques personnes et j'ai appelé l'un d'entre eux. On m'a dit qu'il vivait à Dallas, mais je l'ai appelé et j'ai obtenu une redirection du numéro de téléphone. Il s'agissait d'un indicatif 903, c'est-à-dire l'endroit où j'habite. Je me suis dit que c'était étrange. J'ai appelé le numéro, je suis tombé sur un répondeur, j'ai laissé un message et quelques jours plus tard, ce type m'a rappelé. Pour faire court, lui et sa femme étaient en voyage dans leur camping-car au Canada, mais il avait déménagé dans l'est du Texas et vivait à 25 minutes de chez moi, et je n'en avais aucune idée.

Nous avons fait un peu connaissance au téléphone et il m'a dit qu'il reviendrait dans deux semaines. Il revenait de vacances et souhaitait me rencontrer à ce moment-là. À son retour, il m'a appelé et nous avons convenu d'un déjeuner dans une petite boulangerie française, Chez Bazan, en ville.

On y servait des sandwichs au croissant et d'autres choses du même genre. Nous nous sommes rencontrés et il m'a dit, avant que je n'arrive, que je voulais que vous apportiez toutes vos questions écrites sur un bloc-notes et que vous apportiez un magnétophone. Je ne veux pas que vous me fassiez perdre mon temps. Nous nous sommes assis et c'était un individu très tendu, un peu petit et très tendu. Nous nous sommes assis l'un en face de l'autre et il m'a demandé de lui dire, vous savez, où j'en étais et ce que j'avais fait. Je le mets au courant de mes activités des six derniers mois.

J'ai fini de raconter mon histoire et ce qui s'est passé et il s'est reculé de la table, a poussé un long soupir et m'a dit : "Oh mon Dieu, vous êtes moi il y a 30 ans". Il avait 61 ans, 60 ans, je crois, à ce moment-là. Il avait littéralement 30 ans de plus que moi. Quoi qu'il en soit, il m'a dit : "Je vais vous dire une chose. Il m'a dit que j'allais devenir votre mentor. Je vais vous enseigner tout ce que je sais ; il faisait ce travail depuis près de 30 ans et avait très bien réussi, il était multimillionnaire, et pas seulement en tant que conférencier, mais aussi dans le domaine des produits de formation et d'autres choses de ce genre.

Il m'a dit : "Je vais vous enseigner tout ce que je sais. Je deviendrai votre mentor." Nous avons eu une longue conversation ce jour-là et beaucoup de choses se sont passées. Nous avons parlé des honoraires et des honoraires de conférencier. Il a dit que personne ne voulait engager un orateur bon marché. Ce jour-là, nous avons augmenté mes honoraires. Nous les avons plus que doublés.

Et il m'a dit : "Je vais vous dire, quand vous aurez l'occasion, venez chez moi. Ils n'étaient pas encore complètement installés. Il m'a dit de passer chez moi quand vous aurez un peu de temps et je vous donnerai du matériel. J'ai des cassettes audio et quelques vidéos de moi en train de parler. J'ai aussi un cahier d'exercices et d'autres choses. Je veux que vous passiez en revue tout ce matériel et quand vous l'aurez fait, nous nous reverrons et je vous emmènerai à l'étape suivante.

Nous avons eu diverses discussions au cours du déjeuner, nous avons fini de payer, nous nous sommes levés et nous avons commencé à sortir. Je lui ai dit : "Voulez-vous que je vous suive chez vous ?" Il m'a regardé bizarrement et j'ai dit : "Vous m'avez dit quand j'avais le temps de passer." Et il m'a dit : "Vous êtes vraiment sérieux ?" J'ai répondu : "Oui, je suis sérieux." Il a ri et m'a dit : "Oh, mon Dieu, vous êtes vraiment moi."

Je l'ai suivi jusque chez lui. Comme je l'ai dit, il est plutôt petit, alors il était dans son garage en train de fouiller dans des cartons et de courir d'un carton à l'autre pour en sortir des choses. Et il me disait : "Ok, tu as besoin de ça, tu as besoin de ça, tu as besoin de ça". Et il m'entasse avec tous ces trucs. Et finalement, il prend une boîte vide, il jette tout dans une boîte vide et il dit voilà, prenez tout ça, rentrez chez vous, lisez tout, regardez tout, écoutez tout, écrivez toutes vos notes, vos pensées, vos commentaires, vos questions sans réponse. Une fois que vous aurez parcouru tous ces documents et que vous aurez fait tout cela, appelez-moi et nous nous reverrons.

C'était vers 15 heures. Le lendemain matin, vers 7h30, je l'ai appelé. Il était surpris. Il m'a dit : "Allô ? J'ai répondu que j'étais prête. Il m'a demandé ce que vous vouliez dire par "prêt". J'ai répondu que j'étais prêt à passer à l'étape suivante. Il m'a dit que je ne comprenais pas. Je lui ai dit de rentrer chez lui, de tout lire, de tout regarder, de tout écouter, d'écrire toutes les questions auxquelles il n'a pas répondu, toutes les notes, tous les commentaires, etc. Ensuite, nous nous rencontrerons.

J'ai dit non, vous ne comprenez pas. Je ne me suis pas couché. Et j'étais littéralement rentré chez moi à 15 heures, je m'étais assis, j'avais étalé toutes ces choses sur le sol du salon, j'avais pris mon magnétophone, mes blocs-notes et je m'étais mis au travail. J'ai passé en revue toutes les cassettes, toutes les vidéos et tout le reste. J'avais noté mes pensées et il y avait beaucoup d'exercices et de processus qu'il avait suggérés et que j'avais suivis. J'ai passé toute la nuit sans dormir. J'ai passé toute la nuit à étudier ces choses.

Je veux dire que j'avais faim ! C'est là toute la différence. Beaucoup de gens pensent qu'ils veulent quelque chose, vous le leur présentez et ils n'en veulent vraiment pas. Ils pensent que c'est une bonne idée, mais une fois qu'ils se rendent compte de la quantité de travail que cela représente, ils ne le font pas. J'étais prête et il m'a dit "Oh mon Dieu, c'est moi". Il a dit d'accord. Ce matin-là, nous nous sommes retrouvés pour prendre le petit-déjeuner dans une petite épicerie grasse. C'était un peu comme une station-service avec un petit restaurant attenant. Nous sommes allés prendre le petit-déjeuner, nous nous sommes assis et il m'a exposé tout le plan. Deux semaines et demie plus tard, j'ai vendu pour 12 500 dollars de discours en deux jours et demi à des gens qui ne m'avaient jamais entendu parler auparavant. Et j'ai démarré.

Je me suis rendu compte que quelqu'un m'avait enseigné le secret, la formule magique, pour faire fonctionner cette entreprise. Et c'est amusant parce qu'il avait une citation qu'il avait dite. Il avait un mentor lorsqu'il était dans la marine, il y a de nombreuses années. Il était adolescent. Un officier supérieur lui avait dit cette phrase. Je ne sais pas d'où elle vient, mais il me l'a transmise et je l'ai transmise à des centaines de milliers de personnes dans mes audiences, mes livres et autres. Mais c'est vraiment une formule si vous l'écoutez.

Il dit que si vous voulez devenir un maître dans quelque domaine que ce soit, étudiez ce que les maîtres ont fait avant vous, apprenez à faire ce qu'ils ont fait, ayez le courage de le faire et vous pourrez devenir un maître comme eux. C'est une formule. Si vous voulez devenir un maître dans quelque domaine que ce soit, étudiez ce que les maîtres ont fait avant vous. Allez trouver des gens qui ont fait ce que vous voulez faire, puis étudiez-les, apprenez à faire ce qu'ils ont fait et ayez le courage de le faire.

C'est vraiment la clé. Trop peu de gens ont vraiment le courage d'aller de l'avant et d'essayer ; mais allez-y et ayez le courage de le faire. Vous pouvez devenir un maître. Ce n'est pas insaisissable. Vous savez, le succès dans la vie, dans n'importe quelle entreprise, je ne me soucie pas de ce que c'est. Il y a certaines choses pour lesquelles les gens ont des capacités physiques prédisposées. Par exemple, si vous regardez certaines personnes, un type qui mesure 1,80 m et pèse 1,80 kg ne réussira probablement pas à s'imposer dans la NFL. Sans certaines particularités physiques, nous avons tous vu des personnes qui ne semblaient pas avoir toutes les qualités physiques requises et qui, grâce à des efforts et à une pratique continue, ont réussi à s'imposer. Mais dans la plupart des cas, en particulier dans le monde des affaires, vous prenez le succès dans la vie. Si quelqu'un d'autre l'a fait, il y a un modèle. Si vous trouvez ce modèle et que vous le suivez, vous pouvez obtenir un résultat prévisible. Vous devriez être en mesure de produire le même résultat.

Je veux dire que j'ai quelque chose maintenant, et vous et moi en avons discuté. J'ai un programme que j'appelle la formule du conférencier. Il est basé sur ce que mon mentor m'a enseigné, ainsi que sur ce que nous avons développé au cours des dernières années pour le faire fonctionner et toutes les différentes sources de revenus qui viennent aux personnes qui parlent, consultent, coachent, vendent des produits, etcetera. C'est aussi simple que cela. Si vous créez une entreprise, il existe certaines formules. Nous parlons de la "Main Street Money Machine". Vous savez, si vous regardez l'entrepreneur moyen dans la rue qui a une entreprise locale ou régionale, il peut ou non utiliser Internet, cela n'a pas vraiment d'importance, mais il a une entreprise de type traditionnel. Mais il a une entreprise de type traditionnel. Il vend un produit ou un service. Il existe un modèle pour cet homme ou cette femme qui dirige cette entreprise et qui peut s'inspirer d'eux-mêmes.

Ils peuvent faire l'inventaire de ce qu'ils sont et de ce qu'ils ont. Ils peuvent rechercher les modèles de réussite qui leur permettent de développer leur entreprise. Il existe en fait des principes qu'ils peuvent appliquer pour obtenir un résultat prévisible dans leur entreprise.

Quoi qu'il en soit, j'ai commencé à utiliser ses méthodes de marketing en tant que conférencier. Puis, une fois que cela a fonctionné, il m'a dit, vous savez, après avoir appris le métier de conférencier, je veux vous enseigner le métier de produit, et il s'agissait de programmes de formation. Il m'a fait une déclaration très tôt. Il m'a dit que le métier de conférencier vous rendrait riche. C'est la vente de produits qui vous rendra riche. Et la raison en est que le business des produits est duplicable et évolutif. Cela signifie qu'il n'y a qu'un certain nombre de discours que vous pouvez donner, qu'un certain nombre de personnes que vous pouvez atteindre de cette manière, et que vos honoraires ne peuvent atteindre qu'un certain niveau. Par contre, dans le cas d'un produit, vous pouvez toucher littéralement des millions de personnes que vous n'aurez peut-être jamais l'occasion de rencontrer dans le cadre d'un auditoire.

Nous avons créé une société que nous avons d'abord appelée People Builders. Il s'agissait d'une combinaison de mes interventions en direct lors d'événements et de la création de programmes de formation, ce que nous appelions nos "People Builders Series", qui étaient des vidéos auxquelles les entreprises pouvaient s'abonner mensuellement. Nous leur envoyions un programme chaque mois pour développer leur personnel, leurs employés, leurs managers, leurs superviseurs. Ils pouvaient organiser une réunion autour d'un café et de beignets ou d'un déjeuner et d'une formation, et chaque mois, un sujet différent était abordé. Les gens l'appelaient affectueusement le sermon du mois de JP.

C'était un programme fantastique et j'ai vraiment appris une grande partie du modèle de mon mentor. J'ai appris que les gens se développent par paliers. J'enseigne cette formule, que j'appelle l'équation du développement humain, selon laquelle les gens apprennent par couches successives. Par exemple, si vous envoyez quelqu'un à un séminaire d'une journée entière, quelle part de ce séminaire va-t-il retenir ? Pas grand-chose. Ils se souviendront des histoires et, s'ils sont assez intelligents, ils noteront les choses parce que l'écriture cristallise la pensée et que la pensée motive l'action. S'ils écrivent, ils s'en souviendront davantage. Mais il n'y a aucune chance qu'ils retiennent six ou huit heures de contenu. Par contre, si vous prenez ces mêmes six ou huit heures de contenu et que vous les répartissez sur plusieurs semaines, disons 8 à 12 semaines, et que vous leur en donnez un peu, puis qu'ils appliquent, un peu, ils vont les retenir. Nous avons ce que nous appelons la répétition espacée. Vous revenez sur ce contenu encore et encore. C'est un moyen de développer les gens et de les faire grandir, là où beaucoup de formations échouent.

Cela en faisait partie et j'ai développé une philosophie selon laquelle, vous savez, la formation ou le développement est un processus et non un événement et que vous devriez me faire venir et parler ou si je viens parler à votre conférence, ou à votre retraite ou à n'importe quelle réunion, vous devriez soutenir ce processus avec ce matériel pour revenir et développer vos gens au fil du temps. Nous avons littéralement construit un empire autour de cela. Nous avons procédé à des étiquetages privés. C'était une grande partie de notre secret et je n'entrerai pas dans les détails, mais nous avons pris tout notre matériel et nous avons mis le nom d'autres personnes qui approuvaient les programmes. J'ai toujours été d'avis qu'il m'importait peu que mon nom figure sur le produit tant que mon nom était sur le chèque. Nous avons mis tous ces programmes sur le marché et nous avons gagné beaucoup d'argent en les vendant sous forme d'abonnements et de paquets. Bien sûr, je parlais pour un prix élevé. Je continue à le faire.

Il y a eu un tournant dans ma vie : un de mes amis qui dirigeait un commerce de détail m'a appelé et m'a dit : " J'aimerais que vous veniez faire une formation à la vente ". C'est ce que vous proposez, n'est-ce pas ? J'ai répondu que je n'avais pas l'habitude de faire de la formation à la vente, mais que je serais ravi de vous aider dans la mesure du possible. J'y suis allé, nous avons pris un café dans un Starbucks, nous nous sommes assis et nous avons discuté.

Cinq minutes après le début de la conversation, j'ai dit : "Vous avez besoin d'une formation à la vente, semble-t-il, pour votre personnel, mais vous avez surtout besoin de quelqu'un qui vous aide à développer l'entreprise et à apprendre à penser de manière stratégique. En effet, il avait grandi dans l'entreprise et savait techniquement comment la gérer, mais ne savait pas comment développer une entreprise de manière stratégique. Nous avons conclu un accord sur ce que nous pouvions faire ensemble, sur la fréquence de nos rencontres, etc. Ce fut mon premier contrat de conseil.

Avec le recul, c'est à la fois drôle et frustrant. Des gens venaient me voir après mes discours ou mes ateliers lors de ces conférences et des entrepreneurs, des entrepreneurs très affamés, venaient me voir et me disaient : "Mec, ce que vous venez de dire est parfait. C'est exactement ce dont nous avons besoin. Pourriez-vous venir nous aider à mettre en œuvre ce que vous venez de dire ? J'avais l'habitude de leur dire que je ne suis pas un consultant. J'ai dit à quelqu'un ici il y a quelque temps que je vous garantis que sur une période de trois ans, j'ai laissé un minimum d'un demi-million de dollars sur la table simplement parce que j'ai dit aux gens que ce n'était pas ce que je faisais. Et si je l'avais promu de manière pratique, j'aurais pu gagner facilement sept chiffres par an à ce moment-là. Je suppose que c'est l'une des choses. Il y a quelques jours, je parlais à quelqu'un qui m'expliquait comment son entreprise avait évolué. Parfois, vous devez garder l'esprit ouvert parce que le marché, dans de nombreux cas, est facile à diluer. C'est une erreur que j'ai déjà commise. Il est facile de se disperser.

Parfois, vous devez suivre ce que le marché vous dit. Les entrepreneurs se mettent en tête ce qu'ils veulent et ce qu'ils veulent construire, et ils tombent amoureux de leur produit. Ils oublient que ce qui compte, c'est ce dont le client a besoin et ce qu'il veut, et que c'est ce qui le motive à acheter, et non pas le fait que vous ayez créé un gadget élégant.

J'ai répondu à cette demande et j'ai aidé cet homme. Je me suis rendu compte que j'aimais faire cela, que j'étais très bon dans ce domaine. Vous avez utilisé le mot dans une conversation privée avec moi pour dire que j'étais un coach et j'ai réalisé que j'étais doué pour accompagner les gens dans le processus qui les mène de là où ils sont à là où ils veulent être. Si vous en êtes à un demi-million de dollars de ventes et que vous voulez atteindre un million de dollars ou un million et demi, je peux vous montrer comment y parvenir.

Si vous êtes à 3 millions de dollars et que vous voulez atteindre 10 millions de dollars, je peux vous montrer comment y parvenir. Si vous êtes à 50 millions de dollars et que vous voulez atteindre 100 millions de dollars, je peux vous montrer comment y parvenir. Les principes et les stratégies que j'enseigne sont évolutifs. Ils peuvent être appliqués à différents niveaux.

Quoi qu'il en soit, j'ai ouvert les portes et j'ai dit que c'était quelque chose que je pouvais faire. J'ai organisé un séminaire, un séminaire gratuit si vous pouvez l'imaginer. J'ai organisé un séminaire gratuit. Il s'agissait d'un programme de deux heures intitulé "Cinq façons de doubler ou tripler votre chiffre d'affaires". C'était en 2005. Et j'ai dit que j'allais ouvrir les portes. À ce moment-là, j'ai compris ce qu'étaient les parrainages et j'ai conclu un partenariat avec une organisation qui n'a pas vraiment gagné d'argent. Ils ont simplement fait une faveur à leur liste et leur ont donné des laissez-passer gratuits pour ce séminaire.

Et j'ai ouvert la porte à l'idée de consulter d'autres entreprises. Et c'est à partir de là que tout a décollé. C'est bizarre parce qu'aujourd'hui, je n'ai pas vraiment le temps de faire des consultations individuelles avec beaucoup de gens comme je le voudrais. Je veux dire que de temps en temps, je prends un ou deux clients sélectionnés dont j'aime vraiment ce qu'ils font. Je vois un énorme effet de levier et j'accepterai généralement non seulement des honoraires, mais aussi une part de ce que je crée ou de ce que nous mettons en place en termes d'entreprise ; et je prendrai une participation dans certains cas. Il s'agit simplement d'une variété de façons différentes de mettre les choses en place. Mais j'ai trouvé mon amour et ma passion, c'est-à-dire que j'aime littéralement développer des entreprises et je suis très doué pour cela. Je vois des choses que les autres ne voient pas. Je vois des choses qui leur échappent. Je pense que les entrepreneurs se limitent beaucoup trop. Ils veulent grandir. Ils ont en tête une image de la taille qu'ils pensent pouvoir atteindre. L'une des premières choses que je leur dis, c'est d'enlever les bouchons. Supprimez toutes les limites que vous vous êtes imposées, supprimez les plafonds de verre et voyons quelle taille nous pouvons atteindre.

Par exemple, nous avons pris en charge une entreprise. Cet homme avait commencé par être un client vidéo. Il m'a trouvé sur Internet il y a plusieurs années en cherchant sur Google ou ailleurs des vidéos de formation à la gestion abordables. Il a fini par acheter certains de nos programmes de développement des ressources humaines. Puis il m'a acheté des livres. J'essaie de me rappeler ce qu'il a acheté d'autre. Quelques petites choses, vous savez, juste des petites choses ici et là, un programme audio peut-être ou deux. Puis il m'a vu sortir mon programme de coaching Speaker Formula et m'a appelé.

Non, non, non, ce n'était pas ça, excusez-moi. Mon partenaire, Marc Goldman et moi, nous possédons ensemble une société appelée JV Deal Makers et ce type nous a vus lancer une promotion pour ce que nous appelons JV Hot Seats. En gros, nous mettions quelqu'un au téléphone avec nous deux pendant une heure, ou 90 minutes, je ne sais plus ce que c'était. Pendant une heure, 90 minutes ou deux heures, nous lui expliquons comment il peut développer son activité grâce à des alliances stratégiques, des joint-ventures, des parrainages, etc.

Nous avons fait la promotion de ces appels et chacun de ces hommes a payé 1000 dollars pour y participer. Il a acheté l'un de ces spots et a participé à cette séance de questions-réponses. Il avait utilisé les vidéos de Peoples Builders et d'autres choses, mais je ne pense pas qu'il ait vraiment été exposé à ce dont JP était capable. Nos relations se sont renforcées mutuellement et il me faisait confiance. Il savait ce que je faisais et ce que j'avais fait lors de cet appel. Une fois l'appel terminé, il m'a dit : "J'aimerais que vous m'aidiez à développer mon entreprise".

Il avait créé une entreprise très prospère d'installation de mobilier commercial, de nettoyage et de remplacement de moquettes en Californie et l'avait vendue. Et pendant qu'il construisait cette entreprise, à la toute fin, il avait acheté un de ces camions de déchiquetage de données mobiles. Ils coûtent, je ne sais pas, 300 000 dollars ou quelque chose comme ça, pour un de ces gros camions et ils se déplacent et déchiquettent des choses sur place pour les entreprises, des données sensibles, des disques durs, du papier, des classeurs. Je veux dire qu'ils peuvent y jeter n'importe quoi. Ils n'ont pas besoin de trier. Ils le jettent simplement dedans et l'appareil le broie et le déchiquette. Il avait acheté l'un de ces camions et avait embauché une personne qui effectuait une tournée à temps partiel alors qu'il s'apprêtait à vendre son entreprise principale.

Il avait vendu cette société et souhaitait développer cette autre entreprise, Rid Services, Rapid Information Destruction Services. Il m'a appelé et m'a dit qu'il aimerait faire deux choses. D'abord, j'aimerais participer à votre programme de formation de conférenciers, parce que j'ai la vision ou le rêve de parler et de partager avec les jeunes hommes, les jeunes entrepreneurs, certaines des choses que j'ai apprises au cours des deux dernières décennies pendant lesquelles j'ai bâti mon entreprise. Et il a ajouté qu'il aimerait utiliser l'art oratoire pour promouvoir son entreprise existante, cette nouvelle société de destruction de données.

Il s'est inscrit à ce programme de coaching et, simultanément, il a dit : "J'aimerais, et c'était juste après ce siège chaud, que vous me conseilliez et que vous m'aidiez à développer mon entreprise. Il m'a dit : "J'aimerais que vous me conseilliez et que vous m'aidiez à développer l'entreprise". J'ai répondu par l'affirmative. Il a pris l'avion pour Dallas, nous nous sommes rencontrés et avons passé la journée ensemble à Dallas pour parler de la croissance de l'entreprise et de sa direction, et nous avons vraiment pris le pouls de ce qui pouvait arriver ; nous avons établi un plan et nous avons noué une relation. Une partie de notre accord financier prévoyait que nous nous rencontrions une fois par semaine par téléphone. En 90 jours, John a triplé la taille de l'entreprise.

Littéralement, 300 %, un peu plus de 300 % de croissance. Il est en plein essor. Il y a des choses extraordinaires qui se passent. Il veut revenir. Il m'a dit de continuer à niveler le niveau où nous sommes et de rattraper la croissance, puis il veut que je l'aide à passer à l'étape suivante. Et ce ne sont pas des choses compliquées. Je veux dire des choses que les gens négligent, des relations qu'il avait déjà. Et c'est l'une des choses qu'il a dites. Il a dit que l'un des grands tournants pour moi, JP, c'est que vous m'avez donné la capacité de regarder non pas qui je connais, mais qui ils connaissent, et comment je peux tirer parti de ces relations et comment je peux tirer parti des atouts que nous avons déjà dans l'entreprise pour la faire croître. Je veux dire que je suis très attaché à la croissance sans dépenser beaucoup d'argent.

Cela vient en partie de ma propre expérience. La capacité de sortir et de faire bouger les choses avec des budgets très limités, mais il y a des possibilités d'effet de levier que les entrepreneurs ont à portée de main et que peu d'entre eux exploitent. Vous savez, par exemple, j'ai eu un chiropracteur qui avait déjà une annonce dans les pages jaunes. Il est venu me voir. Nos filles dansent ensemble et j'ai commencé à le consulter pour des soins chiropratiques. Il était sur le point de republier son annonce dans les pages jaunes et j'y ai jeté un coup d'œil. Je lui ai dit que je pensais qu'elle pouvait être un peu modifiée. Nous avons réécrit l'annonce, y avons ajouté un titre et l'avons rendue plus attrayante. Même emplacement, même taille d'annonce, nous l'avons publiée dans les pages jaunes. Le premier mois où elle a été publiée, elle a généré trois fois plus d'affaires dans les pages jaunes que pendant toute l'année précédente, en un mois, avec une seule modification.

Pensez-y. Tout entrepreneur qui dépense déjà de l'argent en publicité ou en marketing, ou qui dispose déjà d'une force de vente. Que pourriez-vous faire ou que pourriez-vous changer pour ne pas dépenser plus d'argent mais obtenir de meilleurs résultats ? C'est le point le plus important. C'est l'une des raisons pour lesquelles je déteste les startups. Vous savez, j'aide les gens et j'en ai accepté quelques-uns, mais je pense que c'est une erreur de ma part. Aujourd'hui, je ne parle plus à personne à moins qu'ils ne fassent au moins six chiffres parce qu'ils n'ont pas les moyens de me payer, pour commencer. Mais le fait est qu'ils ont besoin d'avoir une entreprise existante pour être vraiment en mesure d'améliorer les choses.

Dans le cas d'une jeune entreprise, tout est hypothétique dès le départ. Vous ne savez pas ce que vous allez faire. C'est un peu un défi. Je peux aider quelqu'un, mais cela demande beaucoup plus de travail. Mais si vous avez une entreprise existante qui dépense déjà de l'argent en publicité, ou qui envoie déjà des courriers, ou qui a déjà une force de vente sur le marché, ou qui a déjà un certain niveau de trafic qui entre dans son entreprise. Je peux vous montrer des ajustements et des changements très simples qui vous permettront d'obtenir deux, trois, cinq ou cent fois plus de résultats sans aucune dépense supplémentaire.

Imaginez ce que cela peut faire pour une entreprise. Vous savez, l'une des choses que je fais, c'est l'une des premières choses, c'est un principe que j'enseigne, mais l'une des premières choses que je fais avec un client lorsque nous le prenons en charge, c'est de lui dire : "Coupez tous les liens publicitaires pour les choses que nous ne pouvons pas suivre". Nous changeons immédiatement les publicités. Nous changeons le matériel. Nous changeons tout parce que vous ne pouvez pas réparer ce que vous ne pouvez pas mesurer. Nous commençons à tout mesurer.

C'est une petite chose, mais imaginez que vous commenciez à mesurer quelque chose et que vous vous rendiez compte que, sur les cinq choses que nous faisons, seules deux produisent un résultat significatif. Vous vous débarrassez immédiatement des trois autres et vous essayez trois nouvelles choses ou vous consacrez plus d'énergie aux deux choses qui fonctionnent. Ce sont donc de petites choses comme celles-là que les entrepreneurs négligent, mais qui peuvent faire une différence spectaculaire dans le succès de leur entreprise.

Jack Bastide

Je m'appelle Jack Bastide. En octobre 2002, j'ai été licencié de mon entreprise à New York. J'avais l'habitude de gagner un salaire à six chiffres. Tout d'un coup, je n'avais plus de travail !

Je savais que le licenciement était imminent et je cherchais un emploi depuis plus d'un an. Chaque mois, il y avait une nouvelle vague de licenciements. Comme vous pouvez l'imaginer, le moral de l'entreprise était très bas. Lorsque le licenciement a eu lieu, ce fut un soulagement.

Au début, tout allait bien. J'avais une indemnité de licenciement pour m'aider à tenir le coup. J'ai commencé à redoubler d'efforts dans ma recherche d'emploi. Ce que j'ai trouvé m'a choqué ...

D'une manière ou d'une autre, alors que j'occupais un emploi confortable et douillet, le monde a changé pour moi.

Il y a toujours eu une demande de programmeurs informatiques. Je n'avais jamais eu de mal à trouver un emploi. Aujourd'hui, je n'arrive même pas à obtenir un entretien !

J'ai appelé tous les chasseurs de têtes en informatique avec lesquels j'avais travaillé dans le passé et ils souffraient eux aussi. En raison des changements technologiques et de l'externalisation, la demande de programmeurs d'ordinateurs centraux était très faible aux États-Unis.

C'est pour cela que je suis allé à l'université et c'est tout ce que je savais faire. J'ai commencé à devenir paranoïaque et à penser que c'était moi. J'ai appelé certains de mes collègues de travail pour compatir. Ils avaient le même problème. Je savais que j'avais des problèmes.

J'ai pris un exemplaire du Sunday NY Times. Cela allait me sauver ! Mon expérience m'a appris qu'il y avait toujours des pages et des pages d'offres d'emploi dans le domaine de la programmation informatique. Eh bien, pas cette fois-ci. La section Help Wanted, qui comptait 40 à 50 pages plusieurs années auparavant, en comptait désormais moins de 10.

J'ai tout de suite su que ma carrière de programmeur était terminée. Je devais trouver autre chose à faire. Bien que j'aie reçu l'indemnité de licenciement, elle ne durerait pas éternellement. Je devais agir rapidement. C'était une situation très effrayante.

En parcourant la petite section "Help Wanted", j'ai vu des

annonces pour des écoles de commerce. Je pourrais peut-être acquérir une autre compétence. J'ai appelé quelques-unes de ces écoles. J'ai découvert qu'elles étaient assez chères et qu'il fallait compter au moins 9 à 12 mois. Je n'avais pas ce temps.

J'ai vu qu'il y avait quelques annonces pour des emplois dans la vente. Je n'avais jamais vraiment fait de vente auparavant, mais j'ai pensé que je pourrais être bon dans ce domaine. J'ai passé quelques entretiens et j'ai découvert qu'il n'y avait pas de salaire, que tout était basé sur des commissions. Ils m'ont dit que si je travaillais vraiment dur, je pourrais gagner 50 000 dollars la première année.

J'avais l'habitude de gagner plus de 100 000 dollars... J'ai réalisé qu'il n'y avait aucune chance que je gagne à nouveau le genre d'argent que j'avais l'habitude de gagner. C'était un dur retour à la réalité.

J'ai décidé de me mettre à mon compte.

Ce n'était pas la première fois que je me faisais licencier. Plusieurs années auparavant, j'avais été licencié dans un marché très lent. J'avais cherché un emploi pendant neuf mois, sans succès. J'avais acheté un circuit de distribution de chips pour 95 000 dollars.

Je gagnais environ 1 000 dollars par semaine avec mon circuit de vente de chips. À l'époque, c'était un bon salaire pour moi. J'ai travaillé pendant environ deux ans, puis je l'ai vendu et je me suis remis à la programmation informatique. C'était une expérience intéressante.

Les choses sont différentes aujourd'hui. 1000 dollars par semaine, ce n'était pas suffisant. Il me fallait au moins le double pour m'en sortir. J'ai commencé à chercher dans le journal une entreprise de transport. J'ai été confronté à une autre dure réalité. Les itinéraires qui rapportaient le genre d'argent dont j'avais besoin (plus de 2 000 dollars par semaine) étaient bien en dehors de ma fourchette de prix.

J'ai toujours eu la fibre entrepreneuriale en moi. Au fil des ans, j'ai été impliqué dans diverses entreprises. J'ai essayé les distributeurs automatiques, ma femme et moi avions une boutique de vêtements, j'ai essayé diverses entreprises de marketing de réseau. Tout cela alors que j'avais encore un emploi bien rémunéré à plein temps.

Le filet de sécurité avait disparu. S'il devait en être ainsi, c'était à moi de jouer. J'ai commencé à étudier les itinéraires les plus coûteux qui permettaient de gagner le genre d'argent dont j'avais besoin. Je n'avais pas les moyens de les acheter, mais j'envisageais de prendre une deuxième hypothèque sur ma maison pour les payer.

J'ai étudié plusieurs itinéraires, mais ceux que je voulais vraiment n'étaient pas à ma portée... même si j'hypothéquais ma maison au maximum. Je n'ai pas trouvé de travail et je n'avais pas les moyens d'acheter une entreprise. J'étais vraiment dans la merde.

Un jour, j'ai vu une publicité pour un circuit de jus d'orange. Il s'agissait d'une marque inconnue, mais l'emballage ressemblait exactement à la marque la plus populaire du marché. Le goût était le même. J'ai pris mon indemnité de licenciement et j'ai acheté la route du jus d'orange. J'étais en affaires !

Mon travail consistait à livrer du jus d'orange aux épiceries de New York. C'était un travail éreintant et cela changeait de mon emploi pépère dans une entreprise. Ce n'était pas drôle, mais je n'avais pas le choix. Je me souviens d'un matin à 4 heures. Je chargeais le camion dans le froid glacial en me disant : "Mais qu'est-ce qui m'est arrivé ?

Je suis un assez bon vendeur et je n'ai eu aucun mal à conquérir de nouveaux clients. Pendant quelques semaines, les affaires se sont bien développées. Puis la bombe a frappé ...

Je suis entré dans un magasin que j'avais acheté la semaine précédente. Le propriétaire m'a dit qu'il allait acheter mon jus à l'entreprise laitière si je ne baissais pas le prix. Je vendais en moyenne 8 caisses par magasin et je gagnais 3 dollars par caisse. Il voulait que je baisse le prix pour gagner 50 cents !

Pensez-y. J'aurais dû gagner en moyenne 24 dollars par magasin (8 caisses x 3 dollars). Ce type voulait que je gagne 4 dollars dans son magasin ! Je travaillais désormais pour un salaire inférieur au salaire minimum. Je ne voulais pas perdre le magasin, alors j'ai accepté. Au moins, j'avais les autres magasins... ou du moins c'est ce que je pensais.

Il s'est avéré que l'entreprise de lait livrait tous mes magasins et lorsqu'elle a vu mon jus, elle a demandé aux propriétaires des magasins combien ils payaient. Ils ont alors proposé le même jus au propriétaire pour 2 dollars, soit 2,50 dollars de moins que moi !

J'étais anéantie. J'ai appelé mon fournisseur pour lui demander ce qui se passait. Était-il en train de faire une meilleure affaire que moi à la Milk Company ? Comment pouvaient-ils se permettre de gagner 50 cents par caisse ? Cela ne valait même pas le temps qu'il fallait pour charger le camion à bras.

Il s'est avéré qu'ils l'achetaient au même prix que moi (c'est du moins ce qu'il a dit), mais ils gagnaient de l'argent avec le lait et le jus était un produit d'appel pour eux. La société laitière vendait le jus d'orange à un prix très bas pour satisfaire les propriétaires des magasins. Leur "produit d'appel" me privait de nourriture !

J'ai dit au fournisseur qu'il était impossible de survivre avec 50 cents par caisse et il m'a répondu "tant pis". Je n'ai pas pu être compétitif en termes de prix et j'ai été contraint de vendre l'entreprise à perte. Là, j'étais vraiment dans le pétrin.

J'ai commencé à chercher une autre entreprise, mais j'avais perdu 40 000 dollars sur la route et mes fonds s'amenuisaient. Je ne savais pas quoi faire. Je n'arrivais pas à dormir la nuit et j'étais en pleine dépression. Le stress m'a fait perdre une trentaine de kilos.

Un jour, je me suis rendu à un entretien d'embauche dans le secteur de la vente. Le salaire était de 25 000 dollars, soit environ ¼ de ce que je gagnais auparavant. Alors que je rentrais chez moi, j'ai entendu une sirène derrière moi. Un policier m'a arrêté et m'a donné une contravention de 150 $ pour absence de ceinture de sécurité. C'est la goutte d'eau qui a fait déborder le vase.

Je suis rentré chez moi et j'ai dit à ma femme que j'en avais fini avec NYC et que je voulais vendre la maison et déménager dans un endroit moins cher. Après quelques jours de pleurs, elle a accepté et nous avons décidé de déménager en Floride, près de Disneyworld. Nous y avions acheté une maison de location quelques années auparavant et nous aimions bien la région.

Mon plan était un peu différent de celui de ma femme. Je pensais que nous pourrions vendre la maison à New York et vivre dans la maison de location, mais elle n'en voulait pas ! Si je devais nous déraciner de New York, nous devions vivre dans une belle maison avec une piscine et au bord d'un lac. J'ai accepté ... et je suis très heureux de l'avoir fait.

Nous avons mis notre maison en vente et je me suis remise à la recherche d'une entreprise que je pourrais exploiter en Floride. La vente a pris quelques mois et nous manquions rapidement d'argent. J'espérais pouvoir la vendre avant d'être ruiné.

J'ai passé beaucoup de temps en ligne à rechercher des opportunités d'affaires. J'ai trouvé une franchise de cartes de visite que je pouvais acheter à Orlando, où nous allions déménager. Le prix était de 15 000 dollars. Je n'avais pas 15 000 dollars à disposition et j'attendais désespérément que la maison se vende pour nous sortir de ce pétrin.

Parallèlement, ma femme cherchait des maisons en ligne. Nous avons vu de très belles maisons, mais nous avons dû attendre que la nôtre soit vendue avant de nous décider. Cela a duré plusieurs mois et nous avons vu plusieurs de nos maisons préférées en Floride disparaître du marché. Le moins que l'on puisse dire, c'est que c'était frustrant !

En août, nous avons enfin vendu la maison ! Nous avons réservé un voyage en Floride pour visiter des maisons. Nous étions très exigeants. Nous devions avoir une piscine et une vue sur le lac. Nous avons visité un grand nombre de maisons, mais rien ne nous a séduits. Il ne nous restait plus qu'une maison à visiter. Nous ne voulions pas retourner à New York sans maison.

Toutes les maisons que nous avions visitées étaient relativement récentes (construites en 2000 ou après). La dernière maison avait été construite en 1992 et était donc un peu plus ancienne. D'après la photo, elle offrait une belle vue sur le lac, mais nous l'avions laissée pour la fin parce que nous voulions une maison plus récente.

Comme nous devions retourner à New York le lendemain, nous devions prendre une décision. Nous avons appelé l'agent immobilier pour voir la dernière maison. Il nous a dit qu'elle n'était plus sur le marché. Nous avons commencé à rentrer à l'hôtel lorsque mon téléphone portable a sonné.

La dernière maison s'étant soudainement libérée, nous sommes allés y jeter un coup d'œil. Ce fut le coup de foudre ! La maison était absolument magnifique. Mais le plus drôle, c'est qu'elle n'a pas été construite en 1992... mais en 2002 ! Elle n'a pas été construite en 1992 ... mais en 2002 ! Elle avait été mal répertoriée ! Nous avons immédiatement fait une offre.

Nous sommes rentrés à New York le lendemain. Quelques jours plus tard, nous avons reçu un appel de l'agent immobilier en Floride. Notre offre avait été acceptée. Après avoir passé toute notre vie à New York, ma femme et moi partions pour la Floride !

Nous avons passé les deux mois suivants à emballer les souvenirs de toute une vie. C'était un sentiment doux-amer. J'étais enthousiaste à l'idée de déménager en Floride, mais aussi un peu effrayée. Nous aurions probablement déménagé en Floride un jour, de toute façon, mais dans ce cas, nous y étions contraints par les conditions économiques.

Nous sommes arrivés en Floride en novembre 2003. J'ai

commencé à essayer de travailler dans le secteur des cartes de visite. On m'avait fait toutes sortes de promesses sur l'argent que je pourrais gagner avec. C'était beaucoup plus difficile que je ne le pensais. Il y avait beaucoup trop de concurrence sur l'internet.

J'ai essayé plusieurs autres entreprises. J'ai dépensé beaucoup d'argent dans des livres sur le marketing en ligne et j'ai surfé sur Internet pendant des heures, cherchant désespérément un moyen de gagner de l'argent. J'ai commencé à perdre espoir. J'ai passé près d'un an à essayer tout et n'importe quoi. Rien ne fonctionnait.

À la fin du mois de septembre 2004, j'ai été impliqué dans un commerce de cartes de vœux sur Internet. Comme l'investissement était très faible (seulement 398 $), je ne l'ai pas pris au sérieux. J'ai travaillé pendant quelques mois, puis je l'ai mis en veilleuse. Je n'ai rien fait avec le commerce de cartes de vœux pendant plus d'un an.

Lorsque nous sommes arrivés en Floride, mon plan était de développer le commerce de cartes de visite. Comme cela n'a pas fonctionné, j'ai opté pour mon plan de secours... investir dans l'immobilier. J'ai acheté 6 ou 7 propriétés très rapidement. Le plan était d'en retourner quelques-unes pour gagner de l'argent immédiatement et d'en louer quelques-unes.

J'ai commis toutes les erreurs possibles et imaginables. Les biens que j'achetais se trouvaient à Jacksonville, à environ trois heures de route. Ils se trouvaient tous dans de très mauvais quartiers et nécessitaient beaucoup de travaux. J'essayais de rénover trois propriétés à la fois. C'était un véritable cauchemar.

Je suis sûr que vous avez vu les publireportages de fin de soirée à la télévision où tout le monde s'enrichit en achetant des maisons. Ce n'est pas si simple. Si c'était le cas, ils se concentreraient sur l'achat de maisons au lieu de vendre des informations sur la façon de le faire !

L'année 2005 a probablement été la pire année de ma vie. J'ai rapidement acheté 6 propriétés locatives. Être propriétaire était un véritable cauchemar. Les toits fuyaient, des drogués volaient les climatiseurs et je devais expulser les locataires qui ne payaient pas leur loyer.

Vers le mois d'août 2005, je me suis rendu compte qu'être propriétaire était une erreur et j'ai commencé à me débarrasser de mes biens locatifs. Parallèlement, je cherchais désespérément un moyen de gagner de l'argent. Je passais des heures à surfer sur Internet à la recherche d'une opportunité de gagner de l'argent à domicile.

J'ai dépensé une tonne d'argent dans différents e-books qui me promettaient le monde. J'avais du mal à me débarrasser d'un dernier bien et il semblait que j'allais devoir subir une perte de 30 000 euros. J'étais tellement désespéré que j'étais prêt à le faire

Vous vous souvenez de l'entreprise de cartes de vœux ?

Pendant plus d'un an, ils m'ont envoyé des chèques. Je l'avais un peu développé et les gens utilisaient le système pendant tout ce temps. Chaque fois qu'ils le faisaient, j'étais payé. Les chèques étaient suffisants pour payer ma voiture et il me restait assez d'argent pour un bon dîner au steak. Pas mal !

En janvier 2006, j'ai assisté à un séminaire de développement personnel à Tampa, en Floride, donné par le PDG de l'entreprise de cartes de vœux. Il s'agit d'un séminaire extraordinaire qui, à mon avis, vaut le prix total de l'entreprise rien que pour le séminaire. Ce jour de janvier 2006 a changé ma vie pour toujours !

Lors du séminaire, nous avons fait ce que l'on appelle des déclarations "Je suis". Vous énoncez vos objectifs au présent. Par exemple, au lieu de dire "Je veux être riche", vous dites "Je suis riche" (au présent). La théorie veut que cela amène votre subconscient à y croire et à faire en sorte que cela se produise.

En janvier 2006, mes deux déclarations "Je suis" étaient les suivantes :

- Je suis totalement libre de mes biens locatifs.

- Je gagne un revenu à temps plein à partir de chez moi grâce au commerce de cartes de vœux sur Internet.

À l'époque, ces deux projets semblaient être une chimère.

Cela faisait plus d'un an que j'essayais de me débarrasser

d'un bien particulier. Je n'arrivais ni à le louer ni à le vendre. Cela faisait un an que je payais l'hypothèque de ma poche !

C'est alors qu'un miracle s'est produit ! J'ai reçu un appel d'un investisseur immobilier. Il m'a dit : "J'ai entendu dire que vous aviez un bien à vendre". Il m'a demandé l'adresse et combien je devais sur la propriété et je lui ai répondu. Il m'a dit qu'il irait vérifier la propriété et qu'il me rappellerait le lendemain.

Je n'avais pas de grands espoirs. Au cours des 12 mois précédents, j'avais montré la même propriété à 40 ou 50 investisseurs immobiliers et aucun d'entre eux ne s'y était intéressé. Il se trouvait dans un mauvais quartier et je devais plus que ce qu'il valait.

L'investisseur m'a rappelé le lendemain. Il m'a dit qu'il avait de mauvaises nouvelles. Il avait fait des calculs et le mieux qu'il pouvait faire était de me payer ce que je devais. J'ai failli tomber de ma chaise, mais j'ai gardé mon calme et j'ai dit : "D'accord, si c'est le mieux que vous puissiez faire..." (il ne m'a pas vu sauter et faire la danse de la joie !)

J'étais libre ! Après plus d'un an de stress, le cauchemar immobilier était terminé ! Et je n'ai pas eu à subir une perte importante sur la propriété ! Le lendemain, j'ai appelé ma société de crédit immobilier pour vérifier le solde de l'hypothèque... il était à ZÉRO !

Mais j'étais toujours confronté à un dilemme... Je n'avais

pas de revenus. J'avais reçu une formation de programmeur d'ordinateurs centraux, mais ce secteur avait pratiquement disparu. Je n'avais aucune idée de ce que j'allais faire pour gagner de l'argent. Les économies diminuaient rapidement et c'était effrayant. J'avais épuisé les plans A et B. Je n'avais pas de plan C.

C'est alors que ma femme m'a posé une question qui a changé ma vie. "Et ce commerce de cartes de vœux ? Ils continuent à vous envoyer des chèques et vous n'en faites rien... Et si vous y travailliez vraiment ?"

L'ampoule s'est enfin allumée !

J'ai commencé à me concentrer sur le secteur des cartes de vœux en avril 2006. Mes chèques ont commencé à augmenter ; en juillet 2006, j'étais le meilleur constructeur d'équipe pour la société. En août 2006, je gagnais un revenu respectable à temps plein depuis mon domicile. Quelques mois plus tard, j'étais devenue la 10ème personne à gagner de l'ensemble de l'entreprise !

Depuis lors, mes revenus n'ont cessé d'augmenter. Je travaille avec une équipe de personnes formidables et je les aide à augmenter leurs revenus.

Non seulement je gagne bien ma vie, mais je m'amuse aussi ! Tout ce dont j'avais besoin se trouvait devant moi depuis tout ce temps ! Je me suis enfin réveillé !

Mon seul regret dans tout cela est d'avoir perdu plus d'un an avec l'immobilier tout en ignorant le commerce des cartes de vœux. Mais mieux vaut tard que jamais, n'est-ce pas ? Parfois, il faut passer par beaucoup de choses pour trouver les bonnes choses dans la vie.

Et vous ? Qu'attendez-vous de la vie ? Peut-être cherchez-vous un moyen de sortir d'un emploi sans avenir. Ou peut-être êtes-vous simplement à la recherche d'un revenu supplémentaire pour ne pas vivre au jour le jour. Eh bien, continuez à lire, car vous allez être agréablement surpris !

J'ai beaucoup appris... et je vais partager cette information avec vous. Dans le livre suivant que j'ai intitulé " Le miracle des 6 mois ", je vais partager avec vous ce que j'ai mis des années à apprendre. J'espère pouvoir vous aider à éviter certaines des erreurs que j'ai commises.

Lee et Robin Collins

Que faites-vous ?

Mon mari et moi sommes conférenciers, auteurs et stratèges commerciaux. Je sais, on dirait que je l'ai tiré de ma carte de visite. Eh bien, c'est le cas !

Comment avez-vous commencé ?

Croyez-le ou non, tout était de la faute de mon mari. Je sais, c'est difficile à croire, non ?

C'est une histoire assez intéressante qui remonte à 2001... voici la version courte...

Imaginez... C'était au début du mois de novembre 2002, mais il faisait une douce chaleur de 40 degrés. Mon mari Lee et moi vivions à Richmond, en Virginie, et c'était tout simplement magnifique. Une légère brise agitait les quelques feuilles mortes qui restaient dans le jardin. J'étais assise sous le porche, en train de penser...

OK, si je continue comme ça... cette histoire sera beaucoup trop longue à raconter.... condenser maintenant...

A ce moment-là, Lee avait commencé à "tâter" du commerce en ligne depuis environ un an. Honnêtement, je ne croyais pas vraiment que nous pourrions transformer ses efforts en quelque chose de substantiel. Bien sûr, quelques dollars ici et là, mais je ne voyais pas cela remplacer notre revenu à temps plein.

Mais je me trompais lourdement. (Oui, je viens d'admettre que j'avais tort)

À mon insu, Lee avait essayé et échoué à, disons, beaucoup de "systèmes" différents au cours de cette première année, en essayant de faire décoller son rêve d'un commerce en ligne.

Il était tellement dégoûté par ces produits qui ne tenaient pas leurs promesses. Mais il s'est aussi rendu compte que beaucoup de ces systèmes, livres et produits (etc.) contenaient des éléments qui fonctionnaient. Lee a donc pris tous ces éléments dans les différentes sources qu'il avait découvertes et a assemblé son propre système.

Une véritable condensation ici....

Lee avait son système, il avait trouvé un produit qu'il

voulait utiliser pour tester son système... mais il ne lui restait plus d'argent pour l'investissement initial.

Il m'a donc privé de 500 dollars que j'avais économisés pour acheter le Noël de nos enfants cette année-là. (Et oui, cette partie de l'histoire ne s'arrête pas là).

Il m'a convaincu de le laisser tenter sa chance et d'essayer son "nouveau système" sur ces petites voitures télécommandées mini racer. Vous les connaissez, cette année-là vous avez probablement reçu des centaines d'emails (spam) pour ces petites voitures. (Pas de spam de notre part, d'ailleurs - ce n'est pas notre genre).

Je lui ai donc laissé l'argent à une condition : s'il échouait et perdait l'argent de Noël des enfants, il devrait renoncer à jamais à son rêve de créer une entreprise en ligne.

Il n'a pas échoué. Et grâce à ses efforts et à mon investissement, nous avons eu notre premier mois à cinq chiffres.

C'est ainsi que j'ai commencé. Lee m'a convaincu de l'aider dans cette entreprise et je suis resté accroché depuis.

Notre première motivation pour "voler de nos propres ailes" ?

Eh bien, voyons.... quelle a été la principale motivation qui m'a finalement poussée à m'engager dans la voie de l'indépendance ... il y en a tellement ! Comment pourrais-je n'en choisir qu'une seule ? Je vais devoir choisir la possibilité de décider quand je veux travailler plutôt que de devoir décider quand je veux prendre des vacances.

Quelle somme d'argent a été nécessaire pour démarrer ?

Notre première contribution forfaitaire traçable à notre entreprise a été les 500 dollars de Noël mentionnés ci-dessus. Mais avant cette garantie de démarrage, nous (Lee) avons jeté environ 12 000 $ au cours de notre première année dans des produits variés et, pour dire les choses crûment, des escroqueries. Oh, les leçons apprises...

D'autres personnes peuvent-elles faire ce que vous faites ?

Absolument ! Et ce qui est formidable dans notre histoire, c'est que nous avons essayé et testé de nombreuses approches, pour finalement trouver ce qui fonctionnait - en particulier ce qui fonctionnait ensemble et dans quel ordre.

La raison pour laquelle j'ai dit que vous pouvez ABSOLU-MENT faire ce que nous avons fait, c'est parce que nous avons "systématisé" notre approche et que nous fournissons maintenant ces étapes et ces techniques à nos membres.

Combien de temps s'est-il écoulé avant que vous ne fassiez des bénéfices ?

Il est difficile de répondre à cette question... laissez-moi vous expliquer. Comme je l'ai mentionné plus tôt, au cours de la première année et demie, nous avons investi plus de 12 000 $ dans un tas de produits et de " systèmes " diffé-rents. Nous avons évidemment perdu beaucoup d'argent au cours de cette période de "test de notre santé mentale". Et nous avons failli abandonner. (Ou plus exactement, j'ai presque forcé Lee à abandonner).

Mais c'est après que Lee ait mis en place notre système propriétaire initial que nous avons vu des résultats substantiels. Je répondrai donc qu'il ne nous a fallu que 5 jours après avoir mis en place notre propre modèle d'entreprise et nos propres processus pour obtenir des résultats.

Quel est le bénéfice mensuel réaliste de votre entreprise dans les 3 mois, 6 mois, 1 an, 2 ans, 5 ans ?

Je vais répondre à cette question en me basant sur ce que je considère comme notre période de démarrage "réelle". Nous avons réalisé notre premier mois à 5 chiffres le deuxième mois suivant la mise en œuvre de notre système. À partir de là, nos revenus ont varié. Nous sommes rarement tombés en dessous de 5 000 $ de revenus passifs par mois, mais en fonction de nos promotions, nous avons aussi des pics ou des bosses très fréquents qui dépassent souvent les 10 000 $. Notre objectif pour cette année est d'avoir 12 mois réguliers sans descendre en dessous de 15 000 $ et de continuer à profiter de ces mois de pointe.

Combien d'heures travaillez-vous par semaine ?

Cela varie vraiment. Nous avons construit notre entreprise de manière à ce qu'elle comprenne plusieurs sources de revenus. Vous savez, nous ne mettons pas tous nos œufs dans le même panier. Pour les activités qui nous rapportent des revenus réguliers, nous travaillons très peu. Peut-être quelques heures par semaine. Mais si nous participons à la promotion d'un produit important, il se peut que nous devions travailler de 30 à 40 heures pendant deux semaines par mois. De plus, nous donnons des conférences plusieurs fois par mois, ce qui peut nous prendre 2 à 3 heures par événement.

Et puis, il faut savoir que nous sommes toujours en train d'apprendre... en suivant un cours ou en étudiant le dernier et le meilleur produit sur le marché afin de déterminer s'il est utilisable par nos membres.

Donc, pour répondre à votre question, je suppose que ...., les semaines où nous sommes moins actifs ou les semaines de vacances, nous pouvons travailler 5 heures. En revanche, lors de nos semaines à haut rendement, nous pouvons travailler de 30 à 40 heures par semaine. Vous comprenez ?

Quelqu'un peut-il commencer à faire ce que vous faites à temps partiel ?

Absolument. La beauté du commerce en ligne ou du publi-postage réside dans le fait que vous pouvez y travailler autant que vous le souhaitez - un peu ou beaucoup. Mais n'oubliez pas qu'une activité cohérente et fructueuse ne se crée pas toute seule. Vous obtiendrez de votre entreprise ce que vous y mettrez.

Ainsi, si votre objectif est de ne gagner que quelques

centaines de dollars supplémentaires par mois, vous pouvez vous contenter de ne travailler que quelques heures par semaine.

Mais si votre objectif est de remplacer votre revenu "W-2" à temps plein, vous devrez y consacrer plus de temps. Au moins au début, lorsque vous commencerez à mettre en place vos multiples flux de revenus passifs récurrents.

Quelles sont les compétences ou formations spéciales nécessaires pour faire ce que vous faites ?

Si vous savez taper dans Microsoft Word, vous POUVEZ commencer à gagner de l'argent dès maintenant.

Quelles ressources (livres, sites web, etc.) pouvez-vous recommander pour en savoir plus sur ce que vous faites ?

Commencez avec One Page Money Makers. C'est le système que nous utilisons pour continuer à développer nos revenus passifs. Je vous recommande vivement de vous mettre en ordre de marche avant de vous lancer dans une aventure qui changera votre vie, comme devenir entrepreneur.

À quel âge avez-vous réalisé que vous vouliez devenir entrepreneur ?

Voilà une bonne question. Je ne savais pas que je voulais être entrepreneur avant de l'être.

Dès mon plus jeune âge, on m'a appris que l'on avait de la valeur en tant qu'adulte en ayant un emploi, en payant ses factures et en s'occupant de sa famille. Cela a été une transition très intense de m'autoriser à croire que travailler pour moi-même était acceptable.

Je sais maintenant que c'est plus que correct et mon père, qui m'a inculqué la valeur d'un emploi "w-2", me demande maintenant comment il peut faire ce que je fais.

Quelle a été votre première expérience entrepreneuriale (stand de limonade à l'âge de 7 ans) ?

Honnêtement, je n'avais jamais essayé de gagner de l'argent en dehors d'un emploi structuré jusqu'à ce que mon mari me force à le faire en 2001 avec notre entreprise à domicile.

Avez-vous déjà eu un travail vraiment étrange ?

Définissez "étrange". Je ne suis pas sûr d'avoir déjà occupé un emploi que l'on pourrait qualifier d'étrange.

Oh, j'en ai une... J'ai grandi dans une ferme de l'Ohio, au pays du maïs. Mon grand-père et mon père travaillaient à la ferme et s'occupaient du bétail. Évidemment, mes sœurs et moi étions chargées de les aider. L'une de mes tâches les plus mémorables consistait à nourrir les cochons. Ma sœur et moi devions remplir les auges des cochons tous les jours. Et peut-être leur donnions-nous un vieux pneu pour qu'ils s'amusent. Mais la partie la plus amusante de ce travail consistait à rester sur la clôture, à les regarder manger et jouer. L'un des "jouets" préférés des cochons était nos chaussures. Ils s'approchaient de nous et mordaient le bord de nos chaussures pendant que nous nous tenions sur la clôture.

Ce n'est que des années plus tard que ma sœur et moi avons avoué ce rituel à ma mère. Elle était très heureuse de comprendre enfin comment nos chaussures s'usaient si rapidement et surtout n'étaient usées qu'au niveau des orteils !

Avez-vous déjà essayé une autre activité qui n'a pas fonctionné ?

Bien sûr. Tout entrepreneur qui vous dit qu'il n'a jamais rien fait qui n'ait pas fonctionné ment tout simplement. Pour paraphraser un homme très intelligent, pour gagner des millions, vous devez augmenter la fréquence de vos échecs. Plus vous échouez, plus vous apprenez : plus vous réussirez.

Le conseil le plus important que je puisse donner à quelqu'un qui voudrait se lancer dans ce que nous faisons.

Faites quelque chose maintenant. Peu importe que ce soit quelque chose de petit, que cela échoue ou que vous ne gagniez pas un centime. Le vrai secret, c'est de commencer à faire quelque chose tout de suite - ne le remettez plus à plus tard. L'argent finira par rentrer, mais vous DEVEZ agir.

Qui sont vos mentors ?

Mon mari m'a beaucoup influencée et inspirée. Sans ses douces incitations - d'accord, admettons que c'était de la manipulation - je n'aurais jamais cru suffisamment en moi pour me lancer dans l'aventure de l'entrepreneuriat.

Quels sont vos livres préférés ?

C'est drôle, il y a quelques années, j'aurais répondu à cette question par "tout ce qui est de Stephen King". Je suis toujours un grand fan de King, mais cela fait longtemps que je n'ai pas lu de livre de fiction. Mes trois livres préférés actuels sont Le facteur d'attraction, Pensez et devenez riche et Papa riche, papa pauvre.

David Chappelle

Que faites-vous ?

Je suis écrivain.

Comment avez-vous commencé ?

Alors que je travaillais comme spécialiste de l'assistance sur le terrain pour un revendeur d'ordinateurs, j'ai répondu à une annonce pour un testeur de laboratoire publiée dans le numéro de décembre 1999 d'un hebdomadaire torchon de gauche de Toronto. Par courrier électronique (ce qui était inhabituel à l'époque), le rédacteur en chef m'a demandé de venir passer un entretien. Il m'a demandé pourquoi je voulais travailler là et pourquoi ils devaient m'embaucher. Il m'a donné une souris sans fil et m'a dit qu'il reviendrait dans 20 minutes pour lire ma critique. Pendant que je pianotais sur son carnet, le rédacteur du laboratoire d'essai est entré pour se présenter et demander : "Vous êtes donc ici pour le poste de rédacteur ?" Je me suis dit : "Rédiger ? Non, je veux tester des choses". Mais j'ai quand même répondu "oui". J'ai obtenu le poste et, trois mois plus tard, j'écrivais des articles de fond pour le plus grand éditeur informatique du Canada, avec un tirage de 400 000 exemplaires. J'ai vraiment apprécié d'être le geek résident qui traduisait le langage technique en langage d'utilisateur final.

Finalement, les nouveaux propriétaires ont réussi à transformer le plus grand éditeur informatique du Canada en le plus petit. Mon contrat n'a pas été renouvelé et le magazine a fait faillite. L'un des vendeurs a obtenu une licence pour le nom, mais ce n'est pas la même chose.

Integrated Marcom m'a embauchée lorsqu'elle a étendu ses publications quotidiennes sur le web aux marchés américains des revendeurs et des utilisateurs finaux. Je devais commencer en septembre 2003, mais lorsque le président a entendu parler de mon expérience dans la vente, il m'a fait venir en août pour l'aider à vendre un événement qu'il avait organisé au Air Canada Center. Il m'a dit qu'il me verserait une commission sur les ventes, mais je ne l'ai jamais vue. J'ai travaillé jusqu'à l'effondrement de l'entreprise en décembre 2004. Ils m'ont envoyé travailler en freelance pendant neuf mois, puis m'ont réembauché en octobre 2005.

Quelle a été votre première motivation pour "voler de vos propres ailes" ?

En décembre 2006, mon patron m'a forcée à prendre tous mes jours de vacances, de voyage et de maladie non utilisés. Dès mon premier jour de travail, le 16 janvier 2007, j'ai de nouveau été licenciée, cette fois par téléphone. J'ai immédiatement envoyé un spam à toutes les personnes à qui j'avais parlé au cours des trois dernières années et, à la fin de la semaine, je travaillais en tant qu'indépendant.

Combien d'argent vous a-t-il fallu pour démarrer ?

Cela ne fait pas deux mois, mais il va me falloir quelques milliers de dollars. Jusqu'à présent, 60 dollars pour enregistrer une entreprise en ligne, 250 dollars pour déposer une demande de marque, 50 dollars pour ouvrir un compte professionnel et personnel à la coopérative de crédit locale, qui a les frais de compte professionnel les plus bas, plus mes dépenses habituelles. La coopérative de crédit retiendra tous les chèques américains pendant 30 jours, de sorte que j'aurai besoin de suffisamment d'argent pour mes dépenses habituelles jusqu'à ce que les chèques soient compensés.

D'autres personnes peuvent-elles faire ce que vous faites ?

Je suis sûr que certains le peuvent, mais pas beaucoup. J'ai deux compétences précieuses :

- Je suis capable de traduire les sommets atteints par les geeks en avantages pour les utilisateurs.

- Je peux faire passer la publicité pour une information utile.

Combien de temps s'est-il écoulé avant que vous ne fassiez des bénéfices ?

Théoriquement, en un mois, j'avais gagné plus du double, presque le triple, de mon ancien salaire, si l'on compte les créances. En réalité, cela prendra un certain temps, car les clients veulent attendre 30 jours pour payer, et les institutions financières 30 jours de plus pour que le chèque soit compensé. D'ici là, ma ligne de crédit personnelle, que j'ai établie à l'époque où j'avais deux emplois et que je n'en avais pas besoin, devra être remboursée.

Quel est le bénéfice mensuel réaliste de votre entreprise dans les 3 mois, 6 mois, 1 an, 2 ans, 5 ans ?

Je m'attends à gagner au moins 5 000 dollars par mois, mais j'ai plutôt gagné 2 000 dollars par semaine. L'année prochaine, ce sera 5 000 dollars par semaine. L'année suivante, je veux gagner mon ancien salaire tous les mois.

Combien d'heures travaillez-vous par semaine ?

Je veux travailler le moins possible. Mais il y a toujours plus de travail à faire, qu'il s'agisse d'écrire, de contacter d'autres personnes pour leur demander du travail, d'archiver, de maintenir mon ordinateur et mes données, de m'inscrire, de faire des entretiens, etc. La recherche représente une part importante de ma carrière. C'est le soir qu'il vaut mieux les faire, en ligne. Le dimanche, j'essaie d'éteindre l'ordinateur et de lire un livre classique de Caples, Ogilvy, Hopkins, Kennedy ou d'un autre auteur de cette catégorie. Je dois prendre un jour de congé par semaine, et généralement deux.

Quelqu'un peut-il commencer à faire ce que vous faites à temps partiel ?

C'est ainsi que j'ai commencé. Cela n'a aucun sens d'être salarié ; l'impact fiscal est trop important. Dès que j'ai été contraint d'être salarié, j'ai toujours eu une activité à côté, même si elle ne rapportait qu'une centaine de dollars par an. J'écrivais sur la technologie pour mon (mes) employeur(s) et je me faisais quelques clients non concurrents.

Je veux soustraire une plus grande partie de mon argent aux voleurs du gouvernement, c'est pourquoi les déductions sont nécessaires. Il existe des moyens parfaitement légaux de réclamer des choses que la plupart des gens ne peuvent pas réclamer. Les entreprises soutiennent ceux qui font les lois en contribuant aux campagnes électorales, de sorte que les lois fiscales favorisent les entreprises.

La clé est de faire appel à un bon comptable. Il y a deux sortes de comptables : ceux de la majorité, qui travaillent pour les voleurs du gouvernement et s'assurent que vous payez ; et une poignée qui aiment combattre les voleurs du gouvernement et font tout ce qu'ils peuvent pour s'assurer que vous ne payez que le minimum nécessaire. Ces derniers sont beaucoup plus difficiles à trouver, mais ils existent.

Quelles sont les compétences ou formations spéciales nécessaires pour faire ce que vous faites ?

J'ai étudié à DeVry Toronto. J'ai préféré cette école à d'autres moins chères parce que DeVry est reconnue aux États-Unis, où j'avais l'intention de m'installer. Le fait d'avoir obtenu mon diplôme avec les honneurs, en tant que major de promotion d'un établissement d'enseignement reconnu, m'a aidé à décrocher mon premier emploi, mais après cela, c'est moi qui ai fait le reste. Contrairement à d'autres rédacteurs spécialisés dans les technologies, j'ai une expérience d'informaticien qui me donne de la crédibilité et je peux discuter de technologie avec les personnes que j'interroge.

Une fois que les personnes interrogées savent que je suis aussi un geek, j'obtiens davantage d'informations, car elles savent que je suis sorti à une heure du matin pour redémarrer des serveurs, que je suis resté dans un bureau à me faire hurler dessus par un client égocentrique et que j'ai vu le système informatique de l'enfer tomber en panne à plusieurs reprises sans aucune raison. Lorsqu'ils apprennent que j'ai écrit un livre sur la sécurité informatique pour les utilisateurs finaux, cela me donne encore plus de crédibilité, car les utilisateurs finaux sont le plus gros problème en matière de sécurité informatique.

Et lisez. Je lis un livre par semaine. J'ai appris à lire à l'école publique, en 7e et 8e année, en utilisant des machines à lire. Là, j'ai été chronométré à 350 mots par minute avec rétention. Plus tard, j'ai lu, écouté et regardé le cours de lecture rapide d'Howard Berg et j'ai triplé ma vitesse en un jour pour atteindre plus de 900 mots par minute. Cela en valait la peine.

Je tape assez bien maintenant, à force de le faire. Mais mon écriture est atroce par manque de pratique.

Quelles ressources (livres, sites web, etc.) pouvez-vous recommander pour en savoir plus sur ce que vous faites ?

Maintenant que je suis passé à la rédaction d'entreprise, j'étudie les sites web technologiques, les sites web d'entreprise, et j'étudie également le copywriting.

À quel âge avez-vous réalisé que vous vouliez devenir entrepreneur ?

Lorsque j'en ai eu assez d'être constamment battu (littéralement ; j'ai eu de nombreuses fractures et mon visage a nécessité quatre opérations à l'âge de 17 ans) et ridiculisé parce que j'étais différent, probablement vers l'âge de 13 ou 14 ans. Je n'ai pas vraiment agi en conséquence, probablement par manque de confiance en moi.

Quelle a été votre première expérience entrepreneuriale ?

À l'âge de 7 ans, j'ai nettoyé des maisons nouvellement construites, sous les vides sanitaires dans lesquels une personne adulte aurait eu du mal à pénétrer. On m'avait promis 25 cents de l'heure et j'espérais gagner assez pour m'acheter un nouveau moulinet de pêche. Lorsque j'ai eu terminé, le type m'a dit qu'il passerait chez moi plus tard avec mon argent, mais il ne l'a jamais fait. Pouvez-vous imaginer arnaquer un petit enfant ?

Avez-vous déjà eu un travail vraiment étrange ?

Pas vraiment ; il n'y a que des patrons étranges.

Même si, pendant un certain temps, j'ai été bien payé pour surveiller qui était garé près de la maison de la maîtresse d'un homme d'affaires local. J'étais un adolescent avec une grosse voiture rouge fatiguée, qui roulait en gaspillant de l'essence. L'homme d'affaires me gardait dans l'essence, payait toutes mes réparations, et bien plus encore, simplement parce que je lui indiquais quelles étaient les voitures garées dans l'allée. Un soir, j'ai trouvé un véhicule particulier qui l'intéressait, caché dans le parking de l'immeuble près de la maison que je surveillais, et il m'a donné une bonne prime. Au bout d'un certain temps, il s'en est remis, je suppose, et ne s'est plus soucié de savoir qui rendait visite à sa maîtresse. C'était un homme très gentil qui m'a donné des conseils sur le fonctionnement de la banque de faveurs. Il est parti depuis longtemps maintenant, mais je me souviens de ses leçons.

Avez-vous déjà essayé une autre activité qui n'a pas fonctionné ?

Jusqu'à présent, je n'ai travaillé pour moi-même qu'en tant qu'entrepreneur pour d'autres. Lorsque j'étais adolescent, j'ai été vendeur à domicile de systèmes d'assainissement par intermittence, et j'ai été courtier en immobilier d'entreprise pendant plusieurs années dans la vingtaine et au début de la trentaine. J'aurais dû me mettre à mon compte il y a longtemps, mais je n'étais pas prêt. Aujourd'hui, je sais de quoi je suis capable, j'ai une réputation dans le secteur et je peux facturer des montants décents pour ce que je fournis.

Avez-vous déjà eu une très mauvaise expérience avec un patron ?

Je préfère mentionner les bons patrons que j'ai eus. David Cooperman, de Cooperman Real Estate, est un bon gars qui m'a beaucoup appris sur l'immobilier commercial. Gord Jackson, de Vesta Realty, était un bon collaborateur. David Tanaka, le rédacteur en chef de The Computer Paper, a le meilleur style de management de tous ceux pour qui j'ai travaillé. Geovanni Guiterrez, le propriétaire de Ticomp Systems, est un homme formidable qui m'a beaucoup appris.

Michael Masterson a déclaré que si un employé contribue aux résultats de l'entreprise, il vaut plus que les autres. C'est une belle théorie, mais la plupart des patrons sont des idiots fornicateurs, pleins d'insécurité et trop occupés à traîner leur bagage émotionnel personnel. Les personnes compétentes comme moi qui disent ce qu'elles pensent et qui veulent s'améliorer leur font peur, et ils sont souvent impatients de nous laisser partir avant que nous ne les fassions mal paraître. C'est ce qui s'est passé chez Integrated Marcom. Ils allaient perdre le gros contrat jusqu'à ce qu'ils m'embauchent à nouveau à plein temps, et lorsqu'ils ont finalement bousillé le client une fois de trop et l'ont perdu de toute façon, j'ai été le premier à partir. Aujourd'hui, ce client est l'un de mes clients. Le licenciement est la meilleure chose qui me soit arrivée depuis longtemps. S'ils n'étaient pas de tels larbins, j'écrirais à mes anciens patrons une lettre de remerciement.

Avez-vous déjà été licencié ? (Qu'avez-vous ressenti ?)

J'ai été licencié et mis à pied tellement de fois que cela ne me dérange plus. J'ai également démissionné et j'ai dit à mes patrons ce que je pensais d'eux, en face. J'ai essayé de compter le nombre d'emplois que j'ai occupés depuis l'âge de 7 ans, mais je me suis arrêté aux alentours de 100. Maintenant, je sais que c'est l'univers (Dieu, Allah, le Scoreur cosmique, faites votre choix) qui m'a dit que je n'avais ma place nulle part et que je devais faire ce que je voulais.

Quel est le conseil le plus important que vous puissiez donner à quelqu'un qui souhaite commencer à faire ce que vous faites ?

Lisez. "Tous les lecteurs ne sont pas des leaders, mais tous les leaders sont des lecteurs. - auteur inconnu mais remercié.

Qui sont vos mentors ?

Je n'ai pas de mentor. J'aurais aimé en avoir, cela aurait été plus facile. J'ai un partenaire qui me soutient et des amis à qui je peux demander des conseils, mais je le fais généralement pour savoir ce qu'il ne faut pas faire, parce que tous mes amis, sauf quelques-uns, sont des abeilles ouvrières d'entreprise.

Quels sont vos livres préférés ?

Je lis un livre par semaine, il y en a donc beaucoup qui m'ont marqué. Je vais essayer de raccourcir la liste. Je relis rarement un livre à moins qu'il n'ait eu un effet significatif sur moi, et il s'écoule souvent une décennie ou plus avant que je ne le fasse.

Eric Engel

Comment avez-vous commencé ?

J'ai commencé par la méthode habituelle... en envoyant des centaines de demandes à des centaines de publications et en recevant des centaines de refus. Un jour, je me suis dit que j'allais essayer une nouvelle approche. Je laisserai les "éditeurs" venir à moi. J'ai lancé un site web qui vendait des articles pré-rédigés et proposait mes services en tant que rédacteur indépendant.

Quelle a été votre première motivation pour "voler de vos propres ailes" ?

Je pense que "voler de ses propres ailes" est l'un de ces désirs profonds que nous avons tous. Cela fait partie de nous. La seule question est de savoir si nous croyons suffisamment en nous-mêmes pour le réaliser. J'avais une femme qui me donnait tout le soutien et les tapes sur l'épaule dont j'avais besoin, et c'est ce qui m'a poussé à franchir le pas. Rien ne remplace un membre de la famille qui croit en vous.

Combien d'argent vous a-t-il fallu pour démarrer ?

Cinquante dollars de frais d'hébergement et de nombreuses heures passées devant un ordinateur à essayer d'apprendre le langage HTML. Cela ne semble pas beaucoup, mais lorsque vous avez six enfants, cinquante dollars supplémentaires sont difficiles à trouver. Je l'ai payé en mangeant du beurre de cacahuète et de la confiture tous les jours au déjeuner.

D'autres personnes peuvent-elles faire ce que vous faites ?

S'ils savent écrire. Je crois que cela commence par un talent de base. Mais comme un gros morceau de viande, il faut en faire quelque chose avant qu'il ne devienne un repas. Du sucre et des épices, du travail et de la discipline. Écoutez ceux qui ont réussi et apprenez de leurs erreurs.

Combien de temps s'est-il écoulé avant que vous ne fassiez des bénéfices ?

Un mois.

Quel est le bénéfice mensuel réaliste de votre entreprise dans les 3 mois, 6 mois, 1 an, 2 ans, 5 ans ?

$200, $450, $1000, $1200, $3,000 - $5,000

Combien d'heures travaillez-vous par semaine ?

60 - 70

Quelqu'un peut-il commencer à faire ce que vous faites à temps partiel ?

Certainement. Vous obtenez ce que vous donnez.

Quelles sont les compétences ou formations spéciales nécessaires pour faire ce que vous faites ?

Si vous êtes de nature autonome, la seule chose dont vous avez besoin, c'est d'un désir d'apprendre. Le monde en ligne a permis à tout un chacun d'en apprendre davantage sur un sujet donné. Ensuite, il s'agit de pratiquer, d'appliquer ce que vous avez appris et de prêter une attention toute particulière aux critiques constructives. Traitez-les comme de l'or.

Quelles ressources (livres, sites web, etc.) pouvez-vous recommander pour en savoir plus sur ce que vous faites ?

Je me serais épargné bien des maux de tête si j'avais lu Breakthrough Advertising d'Eugene Schwartz avant d'essayer de rédiger un texte. Il m'a été recommandé par quelqu'un sur www.copywritersboard.com (une autre excellente ressource). Je pense que fouiller dans les discussions des forums peut généralement être plus utile que d'acheter les dix premiers livres qui vous tombent sous la main. Ils peuvent au moins vous aider à décider quels livres acheter. J'aime aussi fréquenter les forums sur www.absolutewrite.com. Si vous avez des questions dans le domaine de l'écriture, les gens y sont super sympas et toujours prêts à donner leur avis.

À quel âge avez-vous réalisé que vous vouliez devenir entrepreneur ?

Aussi loin que je me souvienne.

Quelle a été votre première expérience entrepreneuriale ?

À l'âge de dix ans, mon père m'a montré comment empiler du fumier et des feuilles pour créer une "ferme à vers". Je vendais des vers de nuit et des vers rouges aux pêcheurs locaux. Mon père m'a également montré comment faire fondre du plomb et fabriquer des plombs à l'aide de moules que nous avions achetés sur un marché aux puces. J'ai obtenu tout le plomb gratuit que je voulais en récupérant de vieilles masses de pneus auprès des mécaniciens automobiles locaux. J'ai fait un prospectus et j'en ai distribué quelques-uns... En grosses lettres grasses, on pouvait lire "WORMS AND SINKERS". Je n'ai pas gagné beaucoup d'argent, mais je me suis bien amusé cet été-là. Et le temps que mon père et moi avons passé ensemble est quelque chose que je n'oublierai jamais.

Avez-vous déjà essayé une (ou plusieurs) autre(s) activité(s) qui n'a (n'ont) pas fonctionné ?

Hmmm... de quoi remplir un livre. Lorsque les graveurs de DVD sont apparus sur le marché, j'en ai acheté un et j'ai créé mon premier site web en essayant de vendre un service de conversion de magnétoscope en DVD. Je possède toujours le site à l'adresse www.EclipsVideo.com. Je me dis toujours que j'en ferai quelque chose un jour.

J'ai également créé ma propre entreprise d'aménagement paysager lorsque je me suis marié. Je gagnais assez bien ma vie, mais pas assez pour vivre et investir dans l'équipement dont j'avais besoin. Après deux ans et une centaine de clients, j'ai laissé tomber. Aujourd'hui encore, je regrette de ne pas avoir continué.

Avez-vous déjà eu une très mauvaise expérience avec un patron ?

Pas grand-chose. J'ai toujours été un travailleur acharné et le favori du patron. Ce n'est que lorsque j'ai commencé à travailler pour une entreprise nationale que j'ai commencé à être traité comme un numéro. Ce n'était pas si mal, sauf que le patron ne voyait jamais mes efforts... et lorsque les suppressions de postes sont arrivées, il n'y avait pas de raison particulière de me garder.

Avez-vous déjà été licencié ? (Qu'avez-vous ressenti ?)

Sans doute l'un des pires jours de ma vie. J'ai reçu un appel des ressources humaines et j'ai su instantanément que mon heure était venue. Je pense que je ne m'en remettrai jamais. Tout le monde m'a dit que c'était une question de chiffres, mais je n'arrivais pas à me débarrasser du sentiment que c'était de ma faute. Le problème que j'avais avec tel ou tel travail, l'erreur que j'avais commise dans un autre travail. Cela a bouleversé mon monde.

À partir de ce moment-là, un étrange sentiment de paranoïa m'a envahi tout au long d'une journée de travail normale. Chaque fois qu'un de mes patrons m'appelait par mon nom, mes cheveux se hérissaient. Chaque fois que je faisais une erreur, je m'affolais et me préparais à recevoir un coup de marteau. Chaque fois que le patron était en réunion, je pensais qu'il parlait de mes erreurs. Je ne souhaite pas cela à mon pire ennemi.

Quel est le conseil le plus important que vous puissiez donner à quelqu'un qui souhaite commencer à faire ce que vous faites ?

N'ayez pas peur des critiques.

Qui sont vos mentors ?

Je ne peux pas dire que j'en ai. J'ai toujours recueilli des bribes de conseils auprès des différentes personnes que j'admire (j'accorde toujours une attention particulière lorsque je vois le nom de JP sur quelque chose). C'est une autre raison pour laquelle j'utilise les forums. Même si je ne fais que rôder (et c'est souvent le cas aujourd'hui), je peux apprendre des choses grâce aux questions posées par d'autres personnes.

Quels sont vos livres préférés ?

À peu près tout ce que je lis à un moment donné. Apprendre du passé, planifier l'avenir. Mais vivez le présent.

Gley Yahya

Bonjour à tous, je m'appelle Gley Yahya. Je suis actuellement en ligne à plein temps en tant que spécialiste du marketing sur Internet et je travaille à domicile. Il y a trois ans, j'ai créé ma petite entreprise à domicile. Elle m'a permis de me libérer de mes dettes, d'emménager dans une nouvelle petite maison et de vivre le style de vie dont j'ai toujours rêvé.

J'ai été ingénieur en mécanique et j'ai travaillé pour une entreprise nationale. Je suis toujours à la recherche de nouveaux défis et de nouvelles expériences dans tous les domaines. Ma capacité à reconnaître une bonne opportunité m'a poussé à faire des choses que je ne comprends pas toujours mais que je trouve intéressantes.

Comment avez-vous commencé ?

J'ai pensé prendre un peu de temps pour parler de mes

expériences au fil des ans en matière de marketing en ligne, que je pense être les plus utiles à connaître. Il y a un but à cela. Ces expériences sont porteuses d'un message important et de leçons à tirer.

Si j'avais su et possédé ce que je sais et possède aujourd'-hui, il ne m'aurait pas fallu six ou sept ans pour arriver là où je suis. Je suis convaincu qu'il m'aurait fallu moins d'un an ! J'ai toujours cherché des moyens de changer mon mode de vie et d'avoir l'argent supplémentaire nécessaire pour profiter non seulement des bonnes choses de la vie, mais aussi pour payer mes factures et arrêter de lutter d'un chèque de paie à l'autre ! Plus d'une fois, j'ai essayé de gagner de l'argent supplémentaire - avec des résultats décevants. Rien ne semblait fonctionner ! Je ne comprenais pas ce que je faisais de travers ! J'avais dépensé une tonne d'argent dans les différentes méthodes pour gagner de l'argent, mais cela ne semblait pas faire de différence. Je savais que je devais faire quelque chose pour maîtriser mes finances avant que mes enfants n'atteignent l'âge d'aller à l'université. Je devais payer mes factures et les consacrer à leur éducation !

J'ai découvert l'Internet en 1999 dans le cybercafé d'un ami. J'ai commencé sans aucune connaissance informatique. J'ai participé à des salons de discussion, j'ai parlé avec des gens, j'ai noué quelques contacts. Un jour, j'ai reçu un courrier indésirable rempli de publicité et j'ai rapidement commencé à m'inscrire à des programmes d'affiliation. J'ai adhéré à celui-ci, à celui-là et à l'autre, tous pleins de promesses selon lesquelles je serais méga-riche en quelques mois. En tant que novice, j'ai tout avalé. Dommage que je n'aie pas obtenu les résultats que j'espérais, mais j'ai quand même beaucoup appris.

J'ai perdu un peu d'argent, mais pas des sommes énormes, et j'ai ensuite commencé à utiliser les services gratuits. Je n'avais aucune connaissance en matière de conception de sites web, de publicité et autres, donc cela n'a pas fonctionné non plus. Ensuite, j'ai commencé à aider les gens, je les ai orientés vers diverses ressources, et les choses ont commencé à s'améliorer. Tous ces trucs gratuits ne m'ont pas rapporté d'argent réel, mais ils m'ont apporté du trafic vers d'autres sites gratuits que je promouvais, j'ai eu des contacts, donc j'ai su que ça marchait.

Après cela, je me suis concentré sur l'aide à apporter à tous ceux que je rencontrais, au point que je ne faisais plus que cela, et, chose amusante, j'ai adoré cela. Je ne gagnais toujours pas d'argent, mais je me sentais bien. C'est ainsi que sont nés mon site web et ma lettre d'information. Je voulais aider les gens autant que possible, leur apprendre à se tenir à l'écart du battage médiatique. J'ai compris qu'il n'y a pas de moyen de gagner de l'argent facilement. Le système fonctionne, mais je ne peux pas le faire fonctionner pour moi si je n'étudie pas les connaissances nécessaires pour lancer une activité rentable. J'ai commencé à travailler très dur. J'ai oublié ce que signifiait le temps libre, j'ai oublié de regarder la télévision, j'ai oublié de rencontrer des amis, en un mot, j'ai oublié le monde qui m'entourait et je me suis complètement engagé dans les efforts liés à l'éducation pour créer une entreprise rentable qui changerait le mode de vie de ma famille. *Le manque d'argent fait des experts.*

Mon inconvénient est que je n'ai pas d'argent pour acheter des outils, des produits d'information ou pour payer un mentor. Je n'ai même pas d'argent pour acheter un PC ! J'avais tellement de questions et absolument aucune réponse. Par où commencer ? Le plus important était de savoir comment commencer. Que faire, comment le faire, où chercher, quoi chercher et ainsi de suite... Pour être honnête, j'étais perdu.

J'ai également réalisé que pour réussir dans mon activité, je devais apprendre à rédiger le contenu de mon site web. La rédaction n'était pas une tâche facile pour moi. L'anglais n'est pas ma langue maternelle. Je parle et j'utilise des mots anglais simples pour m'exprimer. Je suis née en Tunisie où j'ai vécu jusqu'à présent, j'écris et je parle l'arabe et le français.

Vous vous demandez peut-être pourquoi vous n'utilisez pas l'arabe ou le français pour développer votre entreprise ? La réponse est la suivante : Bien sûr, c'est un jeu d'enfant pour moi d'utiliser l'une de ces deux langues pour développer mon activité en ligne ! Mais il est plus facile de trouver des produits et des outils gratuits sur les sites anglais que sur les sites arabes ou français. J'ai donc commencé à apprendre l'anglais pour améliorer mes compétences en matière d'écriture. L'utilisation des informations gratuites disponibles sur le net m'a pris un certain temps avant de commencer à écrire mon premier article.

Au fur et à mesure que j'avançais dans mon apprentissage et dans la création de mon entreprise, d'autres besoins sont apparus. Merci au Dr Ken Evoy pour toutes les informations et les outils gratuits fournis sur son site, qui ont fait de chaque obstacle un jeu d'enfant.

Quelle a été votre première motivation pour "voler de vos propres ailes" ?

Lorsque vous n'avez rien à vous mettre sous la dent et qu'il n'y a pas d'issue de secours, il n'y a qu'une seule façon de procéder si vous voulez survivre. D'après mon expérience personnelle, je peux vous dire qu'il n'y a rien qui vous motive plus que de relever des défis sans possibilité de retraite. Si vous voulez vraiment réussir, vous ne vous donnez pas d'échappatoire.

Combien d'argent vous a-t-il fallu pour démarrer ?

Dan Kennedy a dit un jour que "si vous ne pouvez pas gagner de l'argent SANS argent, vous ne pouvez pas en gagner AVEC de l'argent" - et c'est vrai à 100 %. Vous n'avez donc pas besoin d'argent pour commencer à travailler en ligne, il vous suffit d'avoir les bonnes informations et les bons conseils. Vous n'avez pas besoin d'argent pour gagner de l'argent. Bien sûr, l'argent vous permettra de gagner plus facilement et plus rapidement, mais il n'est pas nécessaire, surtout dans le domaine du commerce en ligne. J'ai démarré mon activité en ligne sans un sou en poche, sans ordinateur et sans connexion Internet. Mais cela n'a pas été facile.

D'autres personnes peuvent-elles faire ce que vous faites ?

Oui, tout le monde, et je dis bien tout le monde, peut créer une entreprise en ligne. Mon cas est un exemple concret ! Je suis sûr que 99 % d'entre vous n'ont jamais entendu parler d'une histoire comme la mienne. Et je suis sûr que cette histoire motivera même les plus démunis à créer leur propre entreprise en ligne !

Combien de temps s'est-il écoulé avant que vous ne fassiez des bénéfices ?

J'ai obtenu un certain succès après environ 4 ans de travail acharné. Comme vous le voyez, mon cas est un peu étrange. Il m'a fallu beaucoup de temps pour commencer à recevoir des chèques mensuels provenant de programmes d'affiliation et de ventes d'eBooks. Le temps nécessaire pour commencer à voir des résultats varie d'une personne à l'autre. Il dépend de nombreux facteurs tels que votre capacité à apprendre, votre détermination, le marché que vous sélectionnez, un marketing efficace, une gestion efficace, la qualité du produit ou du service, l'investissement en temps et en argent, etc...

Le succès varie d'une entreprise à l'autre et dépend en grande partie de la volonté et de la persévérance. Nous n'avons pas le même degré d'intelligence, nous ne sommes pas dans la même situation, etc...

S'il m'a fallu 4 ans pour obtenir des résultats, cela ne veut pas dire qu'il vous faudra le même temps. Croyez-le ou non, une personne moyenne sans argent, mais avec les bons conseils et un désir ardent de réussir, peut voir des résultats en moins de 8 semaines !

Quel est le bénéfice mensuel réaliste de votre entreprise dans les 3 mois, 6 mois, 1 an, 2 ans et 5 ans ?

"Si vous avez besoin d'atteindre quelque chose, vous devez commencer quelque part !

En règle générale, gagner de l'argent est d'abord une affaire lente et laborieuse plutôt qu'une série de gains spectaculaires. Il augmentera au fur et à mesure que vous développerez votre entreprise en acquérant davantage de connaissances et d'expériences et en investissant du temps et de l'argent.

À l'heure actuelle, je dépense environ 2 000 $ par mois en utilisant uniquement des méthodes de publicité gratuite. J'ai commencé avec rien et je dépense toujours beaucoup moins que la plupart des entreprises en publicité et en marketing. La plupart de mes actions de marketing sont des méthodes de guérilla, qui ne me coûtent pratiquement rien.

Mon objectif cette année est de gagner 60000,00 dollars et je pense que je vais y arriver. Il y a beaucoup d'argent dans le marketing en ligne. Toutefois, cela n'est vrai que pour ceux qui travaillent sérieusement et avec enthousiasme sur leur activité. Je ne crois pas aux chimères. Je crois aux solutions. Je ne crois pas à l'enrichissement rapide. Je crois au travail acharné. Je ne crois pas qu'il soit possible de passer de 30 $ par mois à 2 000 $ par mois en un mois. Je crois qu'il faut apprendre à faire les choses correctement dès le début et à construire un véritable business basé sur des affaires réelles sur le web, et non sur des visions de l'avenir.

Combien d'heures travaillez-vous par semaine ?

La création et la gestion d'une petite entreprise est un travail très difficile, surtout lorsque vous partez de rien comme j'ai dû le faire. Lorsque j'ai commencé, je travaillais entre 60 et 80 heures par semaine, et parfois plus ! Après avoir acquis plus de connaissances et mis en place mon système automatisé, j'ai commencé à travailler entre 30 et 40 heures.

L'avantage de posséder une entreprise, c'est que l'on travaille à son propre rythme. Je fais ce qui est le plus nécessaire à un moment donné et la nature d'une entre-prise en ligne est telle que je peux m'arrêter ou faire une pause à n'importe quel moment et continuer quand le temps le permet. L'avantage du travail à domicile, c'est que je peux travailler en pyjama et lécher mon assiette d'une main tout en tapant de l'autre, sans que personne n'y trouve à redire.

Quelqu'un peut-il commencer à faire ce que vous faites à temps partiel ?

Lorsque j'ai créé mon entreprise, je travaillais pour une société nationale. J'ai commencé à travailler à temps partiel sur mon entreprise Internet. Je n'ai pas quitté mon emploi avant que mon entreprise ne génère un flux de trésorerie positif suffisant pour couvrir mes dépenses.

Lorsque je travaillais à temps partiel, j'ai oublié ce que signifiait le temps libre, j'ai oublié de regarder la télévision, j'ai oublié de rencontrer des amis, en un mot, j'ai oublié le monde qui m'entourait et j'étais complètement engagé dans des efforts liés à l'éducation pour créer une entreprise rentable qui changerait le mode de vie de ma famille.

Si vous êtes coincé dans un emploi, engagez-vous à consacrer au moins 3 heures par jour à votre entreprise Internet et vous atteindrez la destination que vous vous êtes fixée. Si vous êtes bien organisé et que vous suivez un plan de base, vous atteindrez vos objectifs.

Il est difficile de faire passer votre première entreprise Internet de la phase de démarrage à celle de la réussite. Il est difficile de faire son premier chèque. Une fois que vous l'avez fait, la recette est simple. Il vous suffit de reproduire votre succès encore et encore.

Lorsque vous débutez, n'ayez pas d'attentes démesurées. Ne vous attendez pas à gagner

Si vous avez besoin de 1000 $ ou même de 500 $ dès le premier mois, cela n'arrivera pas. Fixez-vous des objectifs pour réaliser votre première vente. Vous vous sentirez plus fort lorsque vous verrez que quelque chose se passe. J'ai donc pensé que la meilleure chose à faire en premier lieu était d'apprendre à réaliser votre première vente ; même le fait de gagner 1 $ grâce à votre nouvelle entreprise est une source de motivation si vous n'avez pas encore réalisé de vente.

Si vous voulez que votre entreprise vous rapporte 300 dollars par mois pour compléter vos revenus, cela ne signifie pas que vous allez travailler moins que quelqu'un qui vise à gagner 5 000 dollars par mois. Il est tout aussi difficile de gagner 300 dollars par mois que de gagner 5 000 dollars, voire un million, alors que vous n'avez encore rien gagné. Vous devez faire un pas à la fois et lorsque tout est en place, il est très facile d'obtenir un revenu autopiloté de 1000 $ ou même de 10000 $. Quoi que vous fassiez, je vous encourage à faire le premier pas et à commencer. *Vous pourrez me remercier plus tard.*

Quelles sont les compétences ou formations spéciales nécessaires pour faire ce que vous faites ?

Je dirai que toute personne souhaitant devenir un spécialiste du marketing en ligne doit posséder un certain nombre de COMPÉTENCES.

Tout d'abord, vous avez besoin d'un peu d'acuité visuelle, afin de ne pas regarder tout le battage médiatique, car si cela semble trop beau pour être vrai, c'est plus que probablement le cas.

Vous devez faire preuve d'une grande concentration et d'un grand dévouement pour vous aider à vous concentrer sur une seule chose, et vous devez également être capable de travailler très dur pour que cette chose fonctionne. En ce qui concerne le jargon informatique, je suis en ligne depuis environ 7 ans et j'apprends encore. En fait, je commence tout juste à apprendre le HTML et le PHP afin de pouvoir apporter les modifications nécessaires à mon site web sans devoir trop dépendre d'un programmeur.

Pour ce qui est de suggérer un point de départ, c'est vraiment difficile. Personnellement, je dirais les salons de discussion. Sans les amis que j'y ai rencontrés, je ne serais pas là où je suis aujourd'hui. Je dirais donc que la chose la plus importante en matière de marketing, ce sont vos amis. Faites-vous autant d'amis que possible et tirez parti de leurs expériences.

Abonnez-vous également à quelques e-zines qui traitent vraiment des questions relatives aux nouveaux arrivants. Lisez tout ce que vous pouvez en rapport avec ce que vous voulez faire. Vous souffrirez d'une surcharge d'informations, cela ne fait aucun doute, mais certaines choses vous resteront en tête et vous pourrez commencer à apprendre à partir de là. Visitez les forums liés à votre activité. Les forums sont un excellent moyen de trouver de bonnes idées et de se motiver. Les forums sont également un bon endroit pour découvrir de nouveaux produits, techniques et outils. Il existe des milliers de forums et de groupes de discussion en ligne sur Internet, pour à peu près tous les sujets. Lorsqu'ils sont utilisés correctement, les forums peuvent être un excellent outil commercial et une ressource précieuse. Apprenez les bases avant de passer aux niveaux avancés. Lisez, lisez, lisez et lisez encore. Prenez toutes les promesses de RICHESSE INSTANTANÉE avec un grain de sel. Remettez en question tout ce qui semble trop beau pour être vrai. Apprenez tout ce que vous pouvez avant de commencer, soyez prêt et n'oubliez pas : Il n'y a pas de questions stupides, seulement des réponses stupides.

Il est simple de créer une entreprise en ligne, mais ce n'est pas aussi facile que beaucoup d'entre vous le pensent. Cela ne signifie pas non plus que vous ne pouvez pas créer votre entreprise en ligne si vous n'êtes pas un gourou de l'informatique, un concepteur ou un programmeur expert. Comme nous l'avons dit plus haut, vous ne pouvez pas gagner de l'argent sans avoir des connaissances de base dans n'importe quel domaine, et le commerce en ligne ne fait pas exception à la règle. Si vous commencez comme la plupart des nouveaux créateurs d'entreprise en ligne sans mentor ou sans connaissances commerciales, vous perdrez non seulement votre temps, mais aussi votre argent à courir après des programmes d'enrichissement rapide. Bien sûr, il y a un facteur de risque à prendre en compte lorsque vous créez votre propre entreprise, mais l'utilisation de précautions simples peut minimiser ce risque. Il est normal de commettre des erreurs, mais l'important est de les corriger, d'en tirer les leçons et de veiller à ce qu'elles ne se reproduisent plus.

Quelles ressources (livres, sites web, etc.) pouvez-vous recommander pour en savoir plus sur ce que vous faites ?

La première et la plus fondamentale des tâches des nouvelles entreprises est de savoir par où commencer. Une fois le point de départ déterminé, une route appropriée peut être choisie pour atteindre la destination souhaitée, à savoir votre liberté financière.

Évaluez vos connaissances, trouvez vos faiblesses et travaillez-les. Si vous ne savez pas comment utiliser votre PC et que vous souhaitez acquérir les compétences de base, votre premier point de départ doit être GOOGLE.

Je sais par expérience que très peu de personnes peuvent réussir dans le marketing en ligne sans mentor.

À quel âge avez-vous réalisé que vous vouliez devenir entrepreneur ?

J'aurais envisagé de créer ma propre entreprise bien avant 1999. Mais je n'avais jamais envisagé de créer une entreprise en ligne. Ma principale motivation était double : tout d'abord, je veux être mon propre patron, avoir suffisamment d'argent pour mener la vie que je mérite. Deuxièmement, je veux vivre une vie bien remplie, découvrir et développer mes talents individuels et devenir le meilleur possible grâce à des défis et à un travail acharné.

J'ai toujours été un peu entrepreneur, ayant créé des entreprises avant Strategic Internet Marketing. Il y a un certain nombre de raisons pour lesquelles je continue à être attiré par les organisations entrepreneuriales. J'ai toujours aimé le processus créatif et la flexibilité associés au métier d'entrepreneur. Vos actions ont un effet direct sur le succès et l'orientation de l'organisation. Je ne peux vraiment pas imaginer une autre carrière que celle qui consiste à créer une entreprise à partir de rien. J'ai tenté un certain nombre d'expériences, notamment la vente de légumes et de fruits, la vente de vêtements en porte-à-porte, la création d'un atelier sidérurgique ; j'ai aidé deux petites entreprises à créer leur base de clientèle. Aujourd'hui encore, je pense que rien n'est plus gratifiant que de créer une petite entreprise en ligne prospère.

Quelle a été votre première expérience entrepreneuriale ?

Pendant les vacances d'été, je vendais des fruits et des légumes pour arrondir mes fins de mois et acheter des livres, des stylos et des fournitures.

Avez-vous déjà essayé d'autres activités qui n'ont pas fonctionné ?

Il n'y a pas d'entreprise qui ne fonctionne pas. La plupart des gens disent cela lorsqu'ils n'arrivent pas à faire fonctionner quelque chose pour eux. Alors, si le problème ne vient pas de l'entreprise, quel est le vrai problème ? Il est vraiment difficile de l'admettre, mais le vrai problème réside en fait dans les propriétaires d'entreprise eux-mêmes. En effet, la plupart des créateurs d'entreprise n'ont aucune expérience de la gestion d'une entreprise et ont donc des attentes irréalistes une fois qu'ils se sont lancés. Les créateurs d'entreprise doivent comprendre qu'ils ne gagneront rien s'ils ne s'investissent pas.

Croyez-le ou non, si vous planifiez, êtes autodiscipliné, gérez efficacement votre temps et acquérez les connaissances nécessaires, vous serez en mesure de vendre de la glace aux Esquimaux !

Quel est le conseil le plus important que vous puissiez donner à quelqu'un qui souhaite commencer à faire ce que vous faites ?

Faites-le !

Arrêtez de vérifier, arrêtez de planifier, arrêtez d'essayer d'en savoir plus, arrêtez de vous inquiéter de savoir si vous allez réussir, arrêtez de penser à ce que les autres vont penser de vous, que vous réussissiez ou que vous échouiez, mais sortez et agissez. Sinon, et je sais que cela va vous faire mal d'y penser, vous allez vous retrouver assis sur la même chaise, dans la même situation, avec les mêmes habitudes, les mêmes pensées, et vous ne vous rapprocherez pas de ce que vous voulez vraiment.

C'est la grande différence entre le succès et l'échec.

Oubliez ce que pensent les autres, vos inquiétudes et vos réserves. Arrêtez de changer d'avis ; décidez de quelque chose, puis allez-y et faites-le. Je suis prêt à parier que dès que vous commencerez à faire cela, vous verrez les résultats immédiats et la rapidité avec laquelle vous vous rapprocherez de votre objectif. Je parle ici de quelques jours. Essayez-le, considérez-le comme un défi et essayez de me prouver que j'ai tort.

Quels sont vos livres préférés ?

La publicité scientifique par Claude C. Hopkins (1866-1932)

Pensez et devenez riche par Napoleon Hill

Le cours des maîtres de l'affiliation par Ken Evoy

Polly Taskey

J'ai reconstruit ma vie selon mes propres termes, tout en renforçant ma famille, mes finances, mon avenir et ma personnalité. Je travaille actuellement à temps partiel pour une société de codage de documents depuis le confort de mon domicile, tout en augmentant mes revenus générés par Internet grâce à la rédaction en freelance, à la conception graphique et web, au référencement et au marketing Internet. Mon "créneau" est de fournir des informations de qualité et de l'aide à d'autres personnes qui cherchent à travailler à domicile.

Comment avez-vous commencé ?

Après avoir perdu deux emplois en l'espace de deux ans en raison de l'économie défaillante du Michigan, j'ai commencé à chercher désespérément des revenus, quelle qu'en soit la source, y compris un éventuel travail à domicile. Quiconque connaît notre État sait qu'il y a environ 600 000 personnes inscrites et à la recherche d'un emploi, et seulement 20 000 emplois affichés auprès de l'agence pour l'emploi de l'État - la plupart d'entre eux étant des postes de vendeurs et de militaires.

Quelle a été votre première motivation pour "voler de vos propres ailes" ?

En tant que mère divorcée qui a dû faire face à de nombreux obstacles dans la vie, ma principale motivation a toujours été mes enfants. Lorsque j'ai commencé à chercher des revenus pour remplacer les pertes d'emploi que nous avions subies, je n'ai jamais vraiment cru que le travail à domicile était une option légitime, mais comme je n'avais pas d'autres choix de revenus, j'ai commencé à l'explorer. À mon grand étonnement, il existe vraiment des options de travail à domicile.

Combien d'argent vous a-t-il fallu pour démarrer ?

Comme je disposais déjà d'un ordinateur et d'une connexion DSL, le seul investissement que j'ai réalisé a été d'environ 50 dollars pour du papier et de l'encre d'imprimante, ainsi qu'un téléphone Duraband avec un microcasque pour environ 10 dollars.

D'autres personnes peuvent-elles faire ce que vous faites ?

Oui, j'ai commencé à travailler pour une société de traitement des appels. Toute personne capable de lire l'anglais, de taper à la machine et de parler au téléphone peut faire ce type de travail. Les emplois de codage de documents requièrent généralement une formation juridique ou médicale, bien qu'une bonne expérience en matière de correspondance et de secrétariat soit utile. Certaines entreprises de codage de documents proposent une formation et exigent la réussite d'un test avant l'embauche. En ce qui concerne le marketing internet, la conception de sites web et la rédaction, je peux vous dire ceci : Lorsque j'ai commencé en 2003, je savais à peine naviguer sur un forum de discussion sur l'internet. Des tutoriels gratuits en ligne, quelques conseils et de l'auto-éducation m'ont permis de créer des sites web, d'écrire des codes de base, de créer des graphiques et d'optimiser mes cinq sites web pour un meilleur classement dans les moteurs de recherche, des revenus d'affiliation et une augmentation du trafic.

Combien de temps s'est-il écoulé avant que vous ne fassiez des bénéfices ?

En l'espace de trois mois, je gagnais plus en travaillant en tant que télétravailleur que je ne gagnais en travaillant 54 heures par semaine à l'extérieur. En l'espace de neuf mois, mes sites web ont commencé à être rentables. Au cours des deux derniers mois, mes revenus d'affilié ont doublé avec un petit effort supplémentaire de ma part.

Quel est le bénéfice mensuel réaliste de votre entreprise dans les 3 mois, 6 mois, 1 an, 2 ans, 5 ans ?

Travailler pour une entreprise de télétravail peut rapporter entre 500 et 2500 dollars par mois, en fonction de l'emploi, de la quantité de travail disponible et de l'effort fourni par la personne. Le marketing sur Internet dépend également de la quantité d'efforts et des tactiques utilisées pour initier et générer des revenus. De manière réaliste, en l'espace d'un an, avec un site au contenu ciblé et bien planifié, une personne peut gagner entre 2 500 et 4 000 dollars par mois.

Combien d'heures travaillez-vous par semaine ?

Je travaille probablement plus de 50 heures par semaine entre le marketing Internet et le télétravail, mais j'apprécie chaque minute de ce travail, si bien que j'ai l'impression de ne travailler que 20 heures par semaine au maximum. Par exemple, il est 2h30 du matin au moment où je réponds à cette question. Je suis assis ici en ce moment même, par choix, et c'est là une différence majeure entre travailler pour soi et pointer une horloge quand on vous le demande.

Quelqu'un peut-il commencer à faire ce que vous faites à temps partiel ?

Absolument. En fait, je recommande à toute personne souhaitant travailler à domicile - que ce soit pour elle-même ou pour quelqu'un d'autre - de conserver son emploi actuel pendant qu'elle étudie les différentes possibilités, qu'elle recherche des idées et qu'elle commence à poser les bases pour devenir un entrepreneur.

Quelles sont les compétences ou formations spéciales nécessaires pour faire ce que vous faites ?

J'ai commencé avec très peu de connaissances et je ne pouvais pas expliquer ce que signifiaient les acronymes html ou SEO. Pour "faire ce que je fais" aujourd'hui, il faut être motivé, concentré et désireux d'apprendre quelque chose de nouveau chaque jour. J'apprends encore de nouvelles choses après quatre années d'études en autodidacte. Des cours de relecture, de rédaction de textes publicitaires et d'édition seraient bénéfiques pour les rédacteurs indépendants sur Internet, et de solides compétences en visualisation avec une certaine expérience de Photoshop ou Paint Shop Pro seraient un atout pour toute personne intéressée par la conception graphique.

Quelles ressources (livres, sites web, etc.) pouvez-vous recommander pour en savoir plus sur ce que vous faites ?

Je vais évidemment mentionner ici mon propre site web, car j'y ai rassemblé tout ce que j'ai trouvé d'utile. Designing Life à l'adresse http://www.designinglife.net. Je recommande également à TOUT le monde de lire le livre " Stop Being a Victim " (Arrêtez d'être une victime). Peu importe où et comment vous l'obtenez, c'est une lecture indispensable pour toute personne cherchant à gagner de l'argent à domicile. Vous trouverez un lien vers ce livre sur ma page d'accueil. Il ne coûte que 5 $ et les lecteurs apprendront comment les escrocs trompent les gens en leur faisant croire à des systèmes pyramidaux, à des investissements à haut rendement, etc. Je recommande également Sharon et Roy Montero et Brad Callen pour de solides techniques d'optimisation des moteurs de recherche, ainsi que Mark Joyner, Rosalind Gardner et Michel Fortin. Je recommande aussi vivement "The Secret" pour son contenu motivant et inspirant.

À quel âge avez-vous réalisé que vous vouliez devenir entrepreneur ?

À vrai dire, je n'y avais jamais pensé. J'ai possédé une société de transport routier dans ma vingtaine (uniquement parce que j'étais mariée à un chauffeur routier), et j'ai également possédé et géré une entreprise de dressage de chiens pendant quelques années avant de travailler à domicile via l'internet.

Quelle a été votre première expérience entrepreneuriale (par exemple : stand de limonade à l'âge de 7 ans) ?

J'avais oublié cela jusqu'à ce que je lise votre question ! Lorsque j'étais en quatrième année, j'achetais un gros paquet de chewing-gum et je vendais les morceaux individuellement à mes camarades de classe pour un bénéfice d'environ 40 %.

Avez-vous déjà essayé d'autres activités qui n'ont pas fonctionné ?

J'ai essayé des opportunités d'affaires telles que AmWay et Watkins. Je n'ai rien de négatif à dire sur leurs entreprises ou leurs produits, mais je pense que ces types d'entreprises et les revenus qu'elles génèrent sont surestimés. Je n'ai pas la personnalité pour réussir ce type d'opportunités, ou peut-être qu'elles ne correspondent tout simplement pas à "moi" et à mes divers intérêts.

Avez-vous déjà eu une très mauvaise expérience avec un patron ?

Oui, j'ai eu quelques mauvaises expériences avec des patrons. Lorsque je vendais des pièces de maintenance industrielle telles que des roulements et des courroies à de grandes entreprises, j'étais la seule femme employée et j'étais très respectée par nos clients. Souvent, ils demandaient à me parler plutôt qu'à mes collègues masculins qui s'occupaient de leurs comptes. À un moment donné, un employé de l'une des succursales de notre société dans une autre ville a voulu installer sa famille dans la ville où je vivais et travaillais, et j'ai donc été licenciée pour lui faire de la place. J'ai donc été licenciée pour lui faire de la place. J'ai obtenu des allocations de chômage au terme d'une longue et épuisante bataille.

Avez-vous déjà été licencié ? (Qu'avez-vous ressenti ?)

Je n'ai pas été licencié, mais j'ai perdu mon emploi lorsque mon poste a été supprimé par l'entreprise. Sans que ce soit sa faute, l'entreprise n'a pas pu se maintenir à flot et se permettre de verser des salaires supplémentaires. J'ai également été licencié - avec cinq autres employés - parce que l'entreprise n'avait pas les moyens de payer ses employés.

Quel est le conseil le plus important que vous puissiez donner à quelqu'un qui souhaite commencer à faire ce que vous faites ?

Faites au moins une chose par jour pour atteindre votre objectif, en vous imaginant toujours dans la position que vous recherchez.

Qui sont vos mentors ?

Si je devais nommer un mentor, je dirais ma mère. C'était une femme très forte et résiliente qui a élevé sept enfants toute seule et qui a affronté (et surmonté) plus d'obstacles que je ne peux l'imaginer. Elle m'a appris à être forte, à me servir de ma tête et à aller de l'avant quoi qu'il arrive.

Quels sont vos livres préférés ?

J'ai tellement de livres préférés qu'il me faudrait un mois pour les énumérer, et beaucoup d'entre eux n'ont rien à voir avec le travail à domicile ! Pour n'en citer que quelques-uns, je citerais "Stop Being A Victim" de Dave Gray, "Super Affiliate Handbook" de Rosalind Gardner, "Think and Grow Rich" de Ken Evoy et "Search Engine Optimization Made Easy" de Brad Callen.

Patti Unger

Que faites-vous ?

Je propose des services de transcription et d'assistante virtuelle depuis mon bureau à domicile.

Comment avez-vous commencé ?

J'ai créé mon entreprise à domicile il y a deux ans, après que ma mère âgée a fait une grave chute.

Quelle a été votre première motivation pour "voler de vos propres ailes" ?

J'ai créé mon bureau à domicile pour pouvoir m'occuper de ma mère pendant sa convalescence et pour être à la maison avec ma famille, ce que je voulais faire depuis longtemps.

Combien d'argent vous a-t-il fallu pour démarrer ?

J'ai investi dans un nouvel ordinateur, un ordinateur

portable, un télécopieur, une photocopieuse, deux imprimantes et une ligne téléphonique séparée. J'ai également redécoré la pièce qui est devenue mon bureau.

D'autres personnes peuvent-elles faire ce que vous faites ?

Oui, c'est possible. J'ai rédigé un manuel sur la façon de démarrer dans le secteur de la transcription à domicile.

Combien de temps s'est-il écoulé avant que vous ne fassiez des bénéfices ?

Comme j'ai payé d'avance mon équipement et les frais de rénovation, j'ai pu faire des bénéfices en trois mois après avoir remplacé les fonds que j'avais utilisés pour démarrer mon entreprise.

Quel est le bénéfice mensuel réaliste de votre entreprise dans les 3 mois, 6 mois, 1 an, 2 ans, 5 ans ?

Cela dépend de l'individu et de la catégorie de transcription qu'il choisit, ainsi que de la nécessité d'une formation spécialisée.

Combien d'heures travaillez-vous par semaine ?

Trente.

Quelqu'un peut-il commencer à faire ce que vous faites à temps partiel ?

Oui, vous pouvez fixer vos propres horaires.

Quelles sont les compétences ou formations spéciales nécessaires pour faire ce que vous faites ?

Vous devez être un dactylographe précis et efficace et avoir suivi une formation en transcription.

Quelles ressources (livres, sites web, etc.) pouvez-vous recommander pour en savoir plus sur ce que vous faites ?

Il existe sur le marché un certain nombre de livres sur la manière de créer sa propre entreprise. Vous pouvez également consulter Amazon pour trouver d'autres livres sur le sujet.

À quel âge avez-vous réalisé que vous vouliez devenir entrepreneur ?

J'ai toujours voulu avoir ma propre entreprise depuis l'université.

Quelle a été votre première expérience entrepreneuriale ?

C'est en fait ma première expérience.

Avez-vous déjà eu un travail vraiment étrange ?

Oui, j'étais Little Bo Peep au Pôle Nord, un atelier du Père Noël situé dans notre région, l'été précédant mon entrée à l'université.

Avez-vous déjà eu une très mauvaise expérience avec un patron ?

Je pense que nous avons tous vécu une expérience qui nous

a aidés à nous former ou qui nous a rappelé pourquoi nous voulions une autre carrière. J'ai travaillé dans un hôpital lorsque j'étais à l'université et j'avais un patron très exigeant et peu professionnel. Cet emploi a renforcé les raisons pour lesquelles j'avais décidé d'aller à l'université.

Quel est le conseil le plus important que vous puissiez donner à quelqu'un qui souhaite commencer à faire ce que vous faites ?

Motivation et dévouement : vous devez être motivé pour travailler seul lorsque vous avez votre propre entreprise, même si vous n'en avez pas envie. Vous devez répondre de vous-même et dépendre de vous pour réussir dans votre entreprise. Dans mon entreprise, vous avez des délais à respecter et vous devez travailler dur pour terminer à temps les travaux que vous avez pris pour vos clients afin de réussir dans mon entreprise. Vous devez être dévoué à ce que vous faites et aux clients que vous avez.

Qui sont vos mentors ?

Mes mentors sont en fait mon mari, qui est un homme très spécial, intègre et qui travaille très dur, une amie qui possède sa propre entreprise de transcription à domicile depuis huit ans, une amie très chère qui m'a donné des principes et des conseils durables au fil des ans et JP Mahoney qui m'a beaucoup appris depuis que je le connais.

Paulette Ensign

Que faites-vous ?

J'enseigne aux gens comment transformer leurs connaissances en livrets de conseils et autres produits d'information à utiliser pour le marketing, la motivation et l'argent.

Comment avez-vous commencé ?

1991 a été une année charnière dans ma vie. Mon entreprise d'organisation professionnelle avait 8 ans.

Le cycle de vente était de plus en plus long pour les ateliers et le travail de conseil. J'avais pris ces folles habitudes que sont l'alimentation et le paiement du loyer et je n'avais pas envie de les abandonner. C'est alors que j'ai repéré une offre pour un exemplaire gratuit d'un livret intitulé "117 Ideas For Better Business Presentations" (117 idées pour de meilleures présentations d'entreprise). Je fais des présentations d'affaires et le prix était raisonnable. Je l'ai envoyé. Ma première réaction a été de me dire : "Je pourrais faire quelque chose comme ça sur les conseils d'organisation". Puis je l'ai mis dans un tiroir. Six mois plus tard, j'étais dans mon bureau, ennuyée, déconcertée et abattue par la lenteur de l'économie. Je n'avais pas d'argent. Je dis bien "pas d'argent" !

Je me suis souvenue de ce petit livret. Je n'avais aucune idée de la manière dont j'allais m'y prendre, mais quelque chose m'a frappé et j'ai su que je devais produire un livret sur les conseils d'organisation.

J'ai commencé à verser toutes les idées que j'avais eues sur l'organisation dans un fichier sur mon ordinateur. Il s'agissait de perles qui sortaient de ma bouche lorsque j'étais avec des clients ou lors d'une conférence ou d'un séminaire. Je pourrais faire une brochure sur les conseils d'organisation pour les entreprises - une brochure de conseils de 16 pages, qui tiendrait dans une enveloppe commerciale numéro 10. Le livret s'intitulerait "110 idées pour organiser votre vie professionnelle".

Mon premier tirage a été de 250 exemplaires. C'était le tirage le plus cher par unité, mais j'avais besoin d'échantillons à distribuer pour commencer à gagner de l'argent. Il m'a fallu quelques mois pour payer l'imprimeur 500 dollars seulement. Le seul moyen que j'avais trouvé pour vendre les livrets était d'en envoyer un exemplaire aux magazines, en leur demandant d'en utiliser des extraits et en invitant les lecteurs à envoyer 5 dollars et une enveloppe timbrée pré-adressée. Je n'avais pas d'argent pour faire de la publicité. Puis les commandes ont commencé à affluer, des enveloppes contenant des chèques de 5 dollars ou cinq billets d'un dollar. Le jour où la première commande est arrivée, j'ai eu l'impression de recevoir une manne du ciel : 5 dollars ! Le fait qu'il ait fallu six mois entre la rédaction du livret et l'arrivée des premiers 5 dollars n'avait pas d'importance à ce moment-là.

J'ai semé des graines un peu partout, en espérant que certaines germeraient. J'ai trouvé des répertoires de publications à la bibliothèque et j'ai commencé à construire ma liste.

Enfin, en février 1992, "le grand coup" a été donné. Un bulletin d'information bihebdomadaire de 12 pages comptant 1,6 million de lecteurs a publié neuf lignes de texte sur mon livret. Ils n'ont même pas utilisé d'extraits ! Ils ont vendu 5 000 exemplaires de ma brochure. Je me souviens très bien du jour où je suis allé à ma boîte postale et où j'ai trouvé un petit bordereau jaune dans ma boîte. Il y était écrit "voir le greffier". Il y avait un TUB d'enveloppes qui étaient arrivées ce jour-là, environ 250 enveloppes, si je me souviens bien, contenant chacune 5 $.

Vers le mois de juin, je me suis arrêté pour évaluer ce qui s'était passé. Est-ce que je gagnais de l'argent ? À ce moment-là, j'avais vendu environ 15 000 exemplaires de la brochure, un par un, au prix de 5 dollars. Mes registres financiers montraient que je n'avais pas généré beaucoup d'argent. Certaines leçons apprises en cours de route ont été coûteuses. Ma banque prélevait 0,12 $ pour chaque dépôt. Sur mon premier relevé bancaire, les frais de service s'élevaient à 191 dollars. Des choses merveilleuses se sont produites en vendant ces 15 000 exemplaires. Une société de séminaires publics m'a engagé pour enregistrer un programme audio basé sur le livret. Je peux également vendre cette cassette à mes clients et cela m'a permis d'obtenir une interview de 20 minutes dans le cadre de la programmation audio à bord d'une grande compagnie aérienne en novembre et décembre d'une année.

Le représentant d'un fabricant a décidé d'envoyer mes brochures à ses clients cette année-là au lieu d'un calendrier imprimé. 5 000 exemplaires imprimés, incluant mes coordonnées avec les leurs. Une entreprise m'a engagé pour rédiger une brochure plus spécifique à sa gamme de produits. Les personnes qui ont acheté la brochure ont été invitées à prendre la parole à titre onéreux.

Les choses s'accélèrent. Un jour de juin, je m'ennuyais. J'ai ouvert un de ces jeux de cartes publicitaires que l'on reçoit par la poste. "Voici une entreprise qui devrait voir ma brochure. Et une autre, et encore une autre. Chacun a reçu une brochure.

Moins d'une semaine plus tard, une femme m'a appelé pour me demander le coût de 5 000 exemplaires personnalisés pour un salon professionnel à venir, et si je pouvais m'aligner sur un certain prix.

J'ai légèrement sous-estimé son prix, elle a été ravie et la vente a été conclue. Je me suis dit : "Oh, il va être facile de vendre de grandes quantités maintenant". Ce n'était pas le cas. Il a fallu attendre trois ou quatre mois avant la prochaine vente de grandes quantités. Mais le salon auquel ils participaient était une organisation que j'avais contactée pour faire figurer ma brochure dans son catalogue. Ils l'ont rejetée parce que je n'appartenais pas à leur secteur d'activité. Mon acheteur avait donc acheté 5 000 exemplaires de mon livret, avec les informations relatives à mon entreprise, pour les distribuer lors de ce salon. J'ai adoré !

Un jour, un employé d'une grande société de vente par correspondance m'a dit : "Pourquoi ne pas nous concéder les droits de réimpression de votre brochure ? Nous pouvons acheter l'impression moins cher que vous. Faites-nous payer quelques centimes l'unité et nous nous chargerons de la production. 18 mois plus tard, la vente a eu lieu : un accord non exclusif pour l'impression de 250 000 exemplaires. Nous avons échangé un contrat de cinq pages contre un chèque de cinq chiffres. Ils ont offert le livret gratuitement pour tout achat dans un numéro de leur catalogue et ont enregistré une augmentation de 13 % des ventes dans ce numéro. Ils étaient contents. J'étais heureux.

Au printemps 1993, j'ai conçu un cours sur la rédaction et la commercialisation de brochures et j'ai rédigé un manuel

de 80 pages. La classe était petite et composée essentielle-
ment de personnes que je connaissais. Ils m'ont payé et j'ai
eu l'occasion de tester le cours. J'avais alors un autre
nouveau produit : un manuel, un plan détaillé de la façon
dont j'avais vendu plus de 50 000 exemplaires de ma
brochure sans dépenser un centime en publicité.

En août 1994, j'ai découvert Compuserve. Mon seul
objectif en ligne était de commercialiser mon entreprise. Le
troisième jour, j'ai vu un message sur le forum d'un Italien
qui avait une société de marketing en Italie. Sa clientèle se
composait de petites entreprises et de sociétés au service
des petites entreprises. Je lui ai envoyé ma brochure. Il l'a
appréciée et nous avons conclu un accord. Il l'a traduite,
produite et commercialisée, et m'a versé des royalties sur
toutes les ventes. En janvier, il a viré plusieurs milliers de
dollars sur mon compte courant depuis l'Italie. C'était la
première vente de 105 000 exemplaires à un magazine qui
avait joint un exemplaire de mon livret à un numéro de sa
publication. Jusqu'alors, j'avais vendu plus de 500 000
exemplaires de ma brochure, en trois langues, sans
dépenser un centime en publicité. Au cours d'une semaine
creuse, j'ai posté un message sur des forums Compuserve
pour présenter l'histoire de la brochure italienne comme un
exemple de réussite en ligne. Même si la vente flagrante
n'est pas autorisée, la création de relations mutuellement
bénéfiques l'est. J'avais reçu de l'argent de quelqu'un à qui
je n'avais jamais parlé et avec qui je n'avais communiqué
qu'en ligne, par fax, par courrier terrestre et par EFT. La

brochure a fait l'objet d'une licence en néerlandais, 13 ans après sa rédaction initiale. J'ai découvert des possibilités de licence pour le contenu de mon livret dans d'autres formats. Deux sociétés différentes qui produisent des guides plastifiés (l'un à charnière, l'autre à reliure spirale) ont accordé une licence pour mon contenu.

Tips Products International a été créée comme une entreprise à part entière, fournissant des produits et des services aux personnes souhaitant rédiger, produire et commercialiser leur propre brochure, ou faire faire une grande partie de ces tâches pour elles. Nous rédigeons des livrets de conseils pour nos clients à partir de leurs documents imprimés bruts. Trois programmes d'études à domicile ont été mis au point.

Des revendeurs du monde entier distribuent mes cours et mes services. J'ai été invitée à prendre la parole au niveau national et international, en personne et par téléconférence, sur la manière de rédiger et de commercialiser des livrets, de promouvoir une entreprise à l'aide de livrets, de transformer le manuscrit d'un seul livret en une gamme complète de produits, et sur l'édition électronique. Je n'aurais jamais pu écrire un plan d'affaires pour la façon dont cela s'est déroulé.

D'autres personnes peuvent-elles faire ce que vous faites ?

Ils le peuvent et l'ont fait. Certains ont dépassé mes résultats. D'autres ont eu leur propre expérience en vendant des centaines de milliers d'exemplaires de leur produit. Certains ont créé des empires de produits d'information, d'autres n'ont vendu que quelques produits.

Combien de temps s'est-il écoulé avant que vous ne fassiez des bénéfices ?

Presque immédiatement. Il le fallait. Au départ, c'était une question de survie. Le coût des marchandises pour un premier inventaire était minime et, comme vous le lirez dans l'article ci-joint, je n'ai rien dépensé en publicité et très peu en promotion. Mes dépenses commerciales étaient minimes. Aujourd'hui, elles le seraient encore moins en raison de la nature numérique de nombreux produits d'information.

Quel est le bénéfice mensuel réaliste de votre entreprise dans les 3 mois, 6 mois, 1 an, 2 ans, 5 ans ?

C'est un peu comme la longueur d'une ficelle. Certains envisagent de ne vendre que des exemplaires uniques de leur brochure et d'autres formats de leur contenu. D'autres n'envisagent que l'octroi de licences pour leurs produits, pour des dizaines de milliers de dollars par transaction. C'est cette vision qui limite ou favorise l'importance des revenus.

Combien d'heures travaillez-vous par semaine ?

Certaines semaines 5, certaines semaines 20, d'autres semaines 60.

Quelqu'un peut-il commencer à faire ce que vous faites à temps partiel ?

Tout à fait. Tant qu'ils savent clairement ce qu'ils veulent faire, ils peuvent le faire en très peu d'heures.

Quelles sont les compétences ou formations spéciales nécessaires pour faire ce que vous faites ?

Persévérance et vision. C'est tout ce qu'il faut.

Quelles ressources (livres, sites web, etc.) pouvez-vous recommander pour en savoir plus sur ce que vous faites ?

1001 façons de commercialiser vos livres" de John Kremer

Fred DeLuca : "Start Small Finish Big" (Commencer petit pour finir grand)

Brian Jud's "Beyond the Bookstore" (Au-delà de la librairie)

Effectuez des recherches sur Google à partir de mots clés pour trouver des idées sur les lieux et les moyens de vendre vos produits.

Quelle a été votre première expérience entrepreneuriale ?

La fabrication et la vente de maniques en boucle à l'âge de 5 ans, suivies peu après par la vente de biscuits d'éclaireuses en tant que Brownie, ont permis de réaliser les plus grosses ventes du district cette année-là.

Avez-vous déjà essayé d'autres entreprises qui n'ont pas fonctionné ?

Cela dépend de la définition que vous donnez à l'expression "n'a pas fonctionné". Toutes les entreprises ont fonctionné à un certain niveau. Certaines ont été fermées parce qu'elles ne rapportaient pas assez d'argent ou demandaient trop de travail pour être amusantes et lucratives. Une entreprise, en particulier, a été démantelée parce que les quatre associés initiaux se sont révélés être une combinaison contre-productive. L'une des entreprises que j'ai créées à l'université était un service de baby-sitting. C'était parfait car je n'avais pas de voiture et pas beaucoup de temps. Je servais d'intermédiaire à d'autres étudiants et je prenais une commission. Tout se faisait par téléphone. Si je voulais gagner un peu plus d'argent, j'acceptais un emploi de baby-sitter au lieu de faire de la sous-traitance. J'ai fait la même chose en proposant à d'autres étudiants en musique de travailler en free-lance (mariages, etc.) Ces activités ont fonctionné jusqu'à ce que le téléphone devienne trop exigeant. J'ai vendu ces deux entreprises à d'autres étudiants.

Avez-vous déjà eu une très mauvaise expérience avec un patron ?

La plupart des expériences avec les patrons n'ont pas été très agréables, et c'est à ce moment-là que j'ai réalisé que je devais être mon propre patron. Un patron en particulier, le dernier jour de mes neuf années de travail, m'a dit qu'il pensait que j'avais toujours voulu son poste. Je l'ai regardé droit dans les yeux et lui ai assuré que si j'avais voulu son travail, je l'aurais eu. Je ne voulais pas de son poste. Un autre patron a pris toute une journée pour me téléphoner à la maison lorsque j'ai quitté le travail à l'improviste à 9h30 et que je ne suis pas revenue.

Avez-vous déjà été licencié ? (Qu'avez-vous ressenti ?)

Après ma deuxième année d'enseignement des instruments à cordes dans les écoles publiques (ma première carrière sur trois jusqu'à présent), j'ai été victime d'une réduction budgétaire. À l'âge mûr du début de la vingtaine, je l'ai pris très personnellement au lieu de voir la situation dans son ensemble. C'était une décision commerciale, et une décision assez populaire dans le secteur des écoles publiques. La musique est toujours vulnérable à ce genre de choses. L'ironie de la chose, c'est que cette même année, l'association des parents d'élèves de l'État de New York m'a attribué l'une des 20 bourses d'études en tant qu'enseignant exceptionnel, en espérant que je continuerais à enseigner dans l'État de New York, ce qui n'a pas été le cas.

Quel est le conseil le plus important que vous puissiez donner à quelqu'un qui souhaite commencer à faire ce que vous faites ?

Faites ce que votre instinct vous dit de faire. Et continuez à le faire, peu importe ce que les autres ont à dire à ce sujet.

Laissez votre créativité s'exprimer et votre persévérance vous soutenir et vous guider.

Qui sont vos mentors ?

Ma nièce de 26 ans et quelques personnes plus jeunes. Ils voient un chemin sans obstacles devant eux et sont d'excellents rappels à cet égard.

Quels sont vos livres préférés ?

"Le rapport sur le pop-corn - Faith Popcorn

"1001 façons de commercialiser vos livres" - John Kremer
"L'anatomie du buzz" - Emanuel Rosen

Stacey Kannenberg

Que faites-vous ?

Je suis auteur, éditrice, consultante et fondatrice de Cedar Valley Publishing, Stacey Kannenberg Unlimited et directrice de Mom Central Consulting.

Comment avez-vous commencé ?

J'ai quitté mon emploi pour devenir mère au foyer. Lorsque mon mari et moi avons construit la maison de nos rêves, nous avons prévu un bureau, car nous avions toujours su que je créerais une entreprise à domicile.

Quelle a été votre première motivation pour "voler de vos propres ailes" ?

Je voulais créer quelque chose qui m'appartienne et j'attendais patiemment que l'idée "aha" me frappe. Et c'est ce qui s'est passé. C'est en préparant mes propres enfants pour l'école que j'ai réalisé qu'il n'existait pas de livre comme je le souhaitais. Après une série d'émissions d'Oprah, j'ai décidé d'écrire et d'auto-publier Let's Get Ready For Kindergarten !

Combien d'argent vous a-t-il fallu pour démarrer ?

Nous avons investi 12 000 dollars pour commencer.

D'autres personnes peuvent-elles faire ce que vous faites ?

Oui.

Combien de temps s'est-il écoulé avant que vous ne fassiez des bénéfices ?

Mon livre de maternelle est devenu rentable après le troisième tirage.

Quel est le bénéfice mensuel réaliste de votre entreprise dans les 3 mois, 6 mois, 1 an, 2 ans, 5 ans ?

Le potentiel est illimité. Ma plus grosse commande a été de 1 000 livres pour l'ensemble du programme de l'école maternelle. Les États de Californie et du Texas viennent d'approuver mes livres, ce qui n'a pas de prix !

Combien d'heures travaillez-vous par semaine ?

80 heures par semaine

Quelqu'un peut-il commencer à faire ce que vous faites à temps partiel ?

Oui, vous pouvez commencer à temps partiel et créer une maison d'édition.

Quelles sont les compétences ou formations spéciales nécessaires pour faire ce que vous faites ?

Il doit s'agir d'une personne autonome, passionnée par la mission et prête à travailler dur et à être peu rémunérée au début pour y parvenir !

Quelles ressources (livres, sites web, etc.) pouvez-vous recommander pour en savoir plus sur ce que vous faites ?

Le manuel d'auto-édition de Dan Poynter

La lettre d'information du marché de Dan Poynter

Hope Clarks Fund for Writer's et Total Fund for Writer's Newsletter

À quel âge avez-vous réalisé que vous vouliez devenir entrepreneur ?

Je l'ai toujours su, mais je n'ai pas cherché à le savoir avant l'âge de 40 ans.

Quelle a été votre première expérience entrepreneuriale (stand de limonade à l'âge de 7 ans) ?

Stand de hot-dogs à l'âge de 7 ans

Avez-vous déjà eu un travail vraiment étrange ?

J'étais l'une des quatre seules femmes à travailler pour Schwan's Route Drivers dans le pays et j'ai eu le Milwaukee Brewer, Paul Molitor, sur ma route !

Avez-vous déjà essayé une (des) autre(s) activité(s) qui n'a (n'ont) pas fonctionné ?

J'ai travaillé pour plusieurs compagnies d'assurance qui ont fait faillite en raison de problèmes financiers.

Avez-vous déjà eu une très mauvaise expérience avec un patron ?

Oui, au fil des ans, j'ai travaillé avec trois patrons vraiment mauvais. Ils régnaient par l'intimidation, les menaces et les coups de force ! Ugh ! J'ai également travaillé avec des patrons formidables qui vous traitaient comme un membre de la race humaine et vous donnaient l'impression de faire partie de l'équipe.

Avez-vous déjà été licencié ? (Qu'avez-vous ressenti ?)

Oui, j'étais en colère, mais cela s'est avéré être la meilleure chose qui me soit jamais arrivée.

Quel est le conseil le plus important que vous puissiez donner à quelqu'un qui souhaite commencer à faire ce que vous faites ?

Si vous avez vraiment la passion et que vous croyez que vous pouvez y arriver, alors je vous dirais, qu'est-ce que vous attendez... essayez !

Qui sont vos mentors ?

Oprah, mon grand-père, Richard Lillienberg, mes partenaires commerciaux : Stacy DeBroff, Gabby Brennan et Alison Rhodes.

Quels sont vos livres préférés ?

Le cadeau ultime, Jim Stovall

Les choix critiques qui changent la vie, comment les héros transforment la tragédie en triomphe, Daniel Castro

Bébés brillants, adultes puissants, Dr. John Mike

Mike Morgan

Comment j'ai cessé de travailler pour l'homme...

Mon premier "vrai travail" a été de travailler dans une entreprise américaine. Je pensais que je voulais un travail qui inspirait le respect. Un travail où je portais un costume... pour une raison que j'ignore, je pensais à l'époque qu'il s'agissait d'une sorte de condition préalable à l'admiration dans le monde des affaires.

Mon père a longtemps été courtier en bourse, il pensait que je serais bon dans ce domaine, alors je me suis concentré sur les sociétés de courtage. Je suis donc allé acheter de nouveaux costumes et j'ai passé des entretiens comme un homme possédé. Je n'oublierai jamais que j'ai décroché un emploi au sein de la société Paine Webber, qui jouissait d'une grande réputation. Cette société existait depuis la fin des années 1800. À l'époque, je pensais que j'étais au sommet du monde...

Selon les têtes parlantes de Paine Webber pendant mon lavage de cerveau (je veux dire ma formation...), j'étais en fait en affaires pour moi-même. J'ai toujours eu un penchant pour l'indépendance... alors j'ai joué le jeu. J'étais un bon singe d'entreprise. J'ai appuyé sur les boutons qu'on me demandait, j'ai travaillé tard, j'ai monté une affaire, j'ai noué des relations avec des clients et j'ai gagné ce que je pensais être "de l'argent".

Mais au bout de quelques années, j'ai ressenti la pression d'une production accrue. En fait, il s'agissait d'une culture du toujours plus. Ils m'ont dit que c'était mieux pour MON portefeuille. Ils avaient raison, c'était vrai, mais en même temps, ils ont commencé à réduire les commissions ! Ils gagnaient donc déjà plus... et j'ai dû travailler comme une forcenée, juste pour revenir à mon niveau initial. Cela m'a fait réfléchir... ce n'était pas vraiment mon affaire. Ils l'ont juste présenté de cette façon et j'ai bu le Kool Aid. Mais j'ai continué à "*travailler pour l'homme*".

Même si les sociétés de courtage aiment à affirmer que leurs conseils sont objectifs, elles nous poussaient à vendre des investissements qui rapportaient plus à l'entreprise. J'ai résisté, mais le grand patron observait pour voir qui jouait le jeu... et qui ne le faisait pas. La pression était forte, j'ai donc choisi un investissement soi-disant "sûr" qu'ils préconisaient et j'en ai vendu pour des millions de dollars à des clients. J'ai même vendu des millions de dollars à des amis et à des membres de ma famille. Après tout... c'était sûr, non ?

Quelques mois plus tard, ce fonds commun de placement "sûr" chutait comme une pierre. Il s'est avéré que cette supposée valeur sûre était chargée de "produits dérivés" financiers qui ont explosé. Dans le secteur du courtage, les hauts et les bas font partie de la vie. J'y étais habitué. Mes clients aussi. Mais cet investissement particulier a été tellement mis en avant, présenté comme "presque aussi sûr qu'un marché monétaire", que j'ai eu l'impression que la société nous avait trompés, moi et mes clients. En fait, je me suis sentie trahie... J'ai commencé à me demander si la vie d'entreprise était faite pour moi. Après tout, je voulais faire ce qu'il fallait pour mes clients. Or, j'ai eu l'impression que l'entreprise ne cherchait qu'à faire ce qu'il fallait pour elle-même.

J'ai agonisé pendant des mois.

Était-ce vraiment l'endroit idéal pour moi ?

Et si je partais ? Je veux dire, à cette époque, j'avais des enfants. J'étais censé leur offrir une sorte de sécurité, non ?

Des questions telles que les régimes de retraite, les assurances et autres m'ont rongé l'esprit.

Mais je savais au fond de moi que je pouvais me débrouiller seule. Je n'avais pas besoin que "l'homme" regarde par-dessus mon épaule et me dirige "subtilement" vers la table du Kool Aid pour prendre un autre verre.

La plus grande question que je me posais était : "Vais-je faire une erreur ?"

L'un des grands problèmes lorsque vous travaillez pour une grande société de courtage, c'est que lorsque vous la quittez, elle distribue tous vos clients à d'autres courtiers du bureau pour essayer de les garder dans l'entreprise. (Oui... c'était vraiment mon affaire, n'est-ce pas !)

Par conséquent, lorsque la plupart des courtiers quittent une entreprise, ils le font au cœur de la nuit. Ils emballent leurs affaires, font des copies de tous leurs dossiers et s'éclipsent. Ils veulent en effet prendre l'entreprise au dépourvu et avoir une longueur d'avance pour inciter leurs clients à changer d'entreprise. Cela se produit encore aujourd'hui.

Je ne suis pas du genre à m'enfuir comme un voleur dans la nuit. J'ai fait mes préparatifs... mais quand je suis parti, c'était selon mes PROPRES conditions.

À la fin d'un vendredi, je suis entré dans la salle de repos du directeur et je lui ai dit que je partais.

Mon Dieu... c'était si doux. Il était choqué !

De plus, il devait soit travailler le week-end pour examiner mes comptes et se préparer à distribuer mes clients... soit attendre la semaine suivante. Il était assez paresseux pour attendre, j'en étais certaine. Mes amis et collègues du bureau étaient choqués. Non seulement le fait que je parte, mais aussi la façon dont je l'ai fait. Ce n'était pas du tout ce à quoi ils étaient habitués.

Je suis devenu un entrepreneur indépendant pour une société spécialisée dans les "agents libres". Tous leurs représentants travaillaient dans de petits bureaux individuels et n'avaient de comptes à rendre à personne, sauf pour les questions de réglementation. (Le secteur du courtage est l'un des plus réglementés au monde, vous ne pouvez pas éviter d'avoir affaire à eux... ou du moins d'être attentif aux règles afin de ne pas avoir à traiter directement avec eux).

C'était une douce liberté !

Enfin, j'ai vraiment eu l'impression que c'était mon entreprise. Pas de brimades sur ce qu'il faut vendre, pas de questions sur les jours de congé. Et ma vision de ce qui était possible a commencé à changer. Au milieu des années 1990, j'ai vu tout ce qui se passait avec les sociétés de courtage en ligne.

Un petit gars de l'Idaho pourrait-il rivaliser ?

Je me suis dit que c'était possible... si le créneau dans le secteur du courtage était suffisamment unique. C'est alors que j'ai été frappé comme une tonne de briques...

Personne ne se spécialisait dans les obligations. Les obligations reviennent à acheter de la dette. Elles produisent des revenus (pour la plupart en tout cas) et sont notées pour leur qualité et leur sécurité... et le marché obligataire était des centaines de fois plus important que le marché boursier.

Pour faire court, j'ai fondé en 1997 la première société spécialisée dans le courtage d'obligations en ligne. Fini le carcan de l'entreprise... Je l'ai fait. J'étais seul, et mon instinct m'a conduit à devenir plus que ce que je n'aurais jamais cru possible en étant un clone d'entreprise...

En 2000, j'ai vendu l'entreprise. Mais je savais que j'étais prêt à relever un autre défi.

Et j'étais suffisamment confiant pour réussir à un haut niveau.

Aujourd'hui, j'ai plusieurs entreprises. Je suis largement reconnu comme une ressource incontournable pour les entrepreneurs en ligne et hors ligne. J'ai créé des publicités qui ont généré plus d'un million de dollars de bénéfices en 36 HEURES.

La leçon ?

Il ne s'agit pas de moi, mais de VOUS.

Vous êtes plus que vous ne l'avez jamais soupçonné. Vous êtes votre meilleure sécurité.

Vous pouvez aussi le faire.

Il vous suffit de prendre la décision, d'acquérir de nouvelles compétences, de vous fixer un objectif et de passer à l'action !

Vous êtes plus capable que vous ne l'avez jamais rêvé. Mais seulement si vous prenez la décision de renvoyer le patron ! Bonne chance à vous et aux vôtres - "Million Dollar Mike" Morgan.

Michael Cheney

Bonjour, je m'appelle Michael Cheney et je voudrais vous raconter une histoire vraie. Imaginez la scène.

L'écran brille dans la pièce.

Je me suis assis sur ma chaise, j'ai poussé un soupir de satisfaction et j'ai regardé l'écran avec un sentiment de grande satisfaction devant ce que je voyais.

Je n'arrivais pas à croire qu'il s'agissait de mon propre travail.

Et même si ce n'était pas spectaculaire, je venais de créer mon tout premier site web. Nous étions en 1995. À l'époque, je n'aurais jamais pu rêver qu'un jour je voyagerais dans le monde entier, gagnerais plusieurs centaines de milliers de dollars par an et vivrais dans un manoir de 820 398 dollars, sans parler d'un discours en direct sur la chaîne de télévision NBC devant un public européen au sujet de mon entreprise.

Mais je m'avance un peu dans l'histoire.

Ce qui est étonnant, c'est que lorsque j'ai commencé en 1995, l'internet en était encore à l'"âge des ténèbres" : Yahoo ! ne comptait que 200 sites web ! Je n'ai pas tardé à me rendre compte qu'il ne suffisait pas de créer un site web, mais qu'il fallait le commercialiser correctement pour que les bonnes personnes puissent le trouver. J'ai donc commencé à dévorer toutes les informations que je pouvais trouver sur le sujet du marketing Internet.

Pendant que mes camarades d'université profitaient de la vie, j'étais assise devant un ordinateur pour apprendre les techniques de marketing de sites web qui allaient littéralement changer ma vie pour toujours quelques années plus tard. Mais je n'étais pas tout à fait prête à me mettre à mon compte. J'ai été très heureuse de trouver un emploi directement après l'obtention de mon diplôme et d'être embauchée par l'une des plus grandes entreprises du monde, le géant pétrolier ExxonMobil.

Au cours de cette période, j'ai appris d'autres leçons utiles qui m'ont armé pour les batailles qui m'attendaient. Après avoir travaillé de neuf à cinq, je rentrais chez moi et travaillais de 18 heures à minuit, voire plus, pour perfectionner mes compétences en marketing Internet. La plus grande leçon que j'ai apprise pendant mon séjour dans un "emploi de bureau", c'est que travailler pour quelqu'un d'autre, c'est nul !

"J'ai décidé que c'en était assez et, après deux ans de travail de neuf à cinq dans le monde de l'entreprise, j'ai quitté mon emploi. J'ai créé ma propre entreprise Internet à temps plein. Avec le recul, c'est la meilleure décision que j'aie jamais prise. Les gens m'ont dit que j'étais fou de quitter un emploi sûr et bien rémunéré dans l'une des plus grandes entreprises du monde pour créer ma propre entreprise sur l'internet. Mais aujourd'hui, je possède plusieurs entreprises en ligne très rentables et je gagne plus que je ne l'aurais jamais imaginé.

Aujourd'hui, je travaille quand je veux, pas quand quelqu'un me le demande. *JE SUIS MON PROPRE PATRON.*

J'ai connu un moment de grande fierté lorsque l'une de mes entreprises en ligne a affronté un concurrent qui disposait d'un financement de 20 millions de dollars. J'ai affronté ce géant et j'ai gagné. Le concurrent a fait faillite et mon site web est devenu très rentable et a attiré des centaines de milliers de visiteurs chaque année.

Vous êtes-vous déjà demandé quelle était la seule et unique différence entre les personnes qui réussissent outrageusement bien et celles qui s'en sortent à peine ? Vous les connaissez : vacances à n'en plus finir, propriétés multiples, centaines de milliers d'euros à la banque, santé, bonheur, beaucoup de temps libre et, en prime, le fait d'être leur propre patron !

Je connais ces "types". Vous savez pourquoi ? Parce que j'en suis un ! J'ai tout ce qu'il faut. Mais vous ne voulez pas entendre cette histoire, n'est-ce pas ? Laissez-moi vous la raconter depuis le début.

Cette histoire commence dans un appartement d'une chambre à coucher où un loser paresseux et sans le sou luttait contre une nouvelle journée de dépression avec de l'alcool et d'autres distractions destructrices. Ce perdant, c'était moi.

Cinq ans plus tard, je vis dans une maison de campagne d'une valeur de 820 398 dollars. Je suis mon propre patron, je travaille quand je veux, je prends huit vacances par an et je peux gagner de l'argent à la demande - j'ai récemment généré 250 307 dollars en seulement sept jours.

Qu'est-ce qui a changé ?

"Comment suis-je passé d'un appartement d'une chambre à coucher où je gagnais quelques centimes à une maison de campagne d'une valeur de 820 387 dollars ?

C'est simple - j'ai découvert "le bouton magique" et je vais vous montrer exactement ce qu'est ce bouton magique dans un instant et comment vous pouvez l'utiliser vous aussi.

Vous devez savoir quelque chose dès le début de cette histoire - tout ce que je vais vous dire provient de mon expérience personnelle. Je vous donnerai des preuves irréfutables de la façon dont le système a changé ma vie, mais aussi de l'effet profond qu'il a eu sur d'autres personnes.

Si je suis tombé sur ce bouton magique, c'est parce que nous sommes tous à la recherche de quelque chose. Cela fait partie de la nature humaine.

Plus d'argent. Plus de pouvoir. Plus de temps. Plus de stabilité. Plus de plaisir. Plus d'excitation. Plus d'amis. Plus de vacances. Plus de jouets. Plus d'années à vivre. Plus de santé.

Voici donc une question à laquelle je vous demande de réfléchir : "Pourquoi pensez-vous que seul un pourcentage microscopique de personnes parviennent réellement à avoir toute la richesse que la vie a à offrir ?"

Vous pensez que c'est de la chance ?

Vous pensez que ce sont les cartes que la vie leur a distribuées ? Vous pensez qu'ils ont travaillé dur pour l'obtenir ?

Vous pensez qu'ils l'ont acheté ?

Vous pensez qu'ils sont nés dans cette situation ?

Vous pensez que c'est dû à leur éducation ?

Laissez-moi vous dire que ce n'est pas dû à la chance, au travail, aux efforts, au temps ou aux circonstances. Cela m'amène à la VRAIE question que je dois vous poser.

"Quel est le facteur unique qui a créé les personnes les plus riches, les plus prospères, les plus saines et les plus performantes de la planète ?

La réponse est le "bouton magique". J'ai appuyé sur ce bouton et j'ai obtenu plus d'un quart de million de dollars en sept jours. J'ai appuyé à nouveau sur ce bouton et j'ai obtenu la maison de mes rêves, d'une valeur de 802 387 dollars.

Le "bouton magique" m'a permis de passer du statut de perdant à celui de succès du jour au lendemain. J'ai appuyé sur ce bouton et j'ai obtenu 250 037 dollars en 7 jours. J'ai appuyé sur ce bouton et je suis passé d'une personne pâle, en mauvaise santé, mangeant des cochonneries et souffrant de maladies qui attendent de se déclarer, à une personne en parfaite santé.

La SEULE, UNIQUE, UNIQUE et UNIQUE raison pour laquelle un pourcentage microscopique de personnes jouissent de la richesse, de la santé et du bonheur dont le reste d'entre nous ne peut que rêver, c'est parce qu'elles ont découvert le "bouton rouge magique".

Je les ai rejoints et vous pouvez en faire autant. Vous pouvez quitter les HAVE NOT et être fermement ancré, pour toujours, ici, avec les HAVE. Cela ne sera pas dû à vos connaissances ou à votre milieu d'origine.

L'INTENSITÉ DE VOTRE TRAVAIL OU LES EFFORTS

QUE VOUS FOURNISSEZ N'ONT RIEN À VOIR AVEC CELA.

Cela vous arrivera parce que vous allez vous aussi découvrir le "bouton magique" - ce bouton magique, c'est tout simplement ceci ;

IL S'AGIT D'UN SYSTÈME QUI A FAIT SES PREUVES ET QUI PERMET DE CRÉER UNE DYNAMIQUE INSTANTANÉE.

Avant d'utiliser ce système pour obtenir mes richesses, mes propriétés, ma santé et mes vacances, les choses étaient un peu différentes.

En fait, permettez-moi de reformuler cela - pour moi, les choses étaient MASSIVEMENT différentes !

Vous voyez, je n'ai jamais été aussi bas. Je travaillais dans un emploi que je détestais. Je bloquais tout. Je mangeais des cochonneries. Je regardais des cochonneries. Je fumais des cochonneries. Je n'étais qu'un gros tas de cochonneries, je faisais des cochonneries, je gagnais des cochonneries et je vivais dans des cochonneries.

Ma vie était un gâchis. Je devenais incontrôlable. D'abord, l'alcool. Puis les drogues. Puis la dépression.

Où les choses ont-elles mal tourné ?

J'ai commencé à me poser des questions douloureuses - peut-être vous êtes-vous déjà posé ces mêmes questions.

"Qu'est-il advenu des rêves que vous aviez pour votre vie ? Avez-vous abandonné les promesses de succès que vous vous étiez faites ?"

Je me noyais dans ma propre tristesse et j'ai perdu de vue la situation réelle. Elle était désespérée.

Mais un jour, j'ai enfin percé les nuages de désespoir qui m'entouraient et j'ai "vu la lumière". J'ai découvert "le bouton magique" - le système qui permet de créer un MOMENTUM INSTANTANÉ.

Rien ne se passe sans élan. "Lorsque vous avez de l'élan, vous pouvez tout faire, tout avoir et tout être. vous pouvez tout faire, tout avoir et tout être".

Il est essentiel de vous faire comprendre que nous ne parlons pas ici d'une dynamique douloureuse, laborieuse, frustrante et difficile à créer.

Non - c'est l'un des plus grands mythes au monde que l'élan prend du temps à créer. Mais cela ne prend tout simplement pas de temps.

Il s'agit ici d'un MOMENT INSTANTANÉ. Un jour, je me suis réveillé et j'ai dit ;

"Assez, c'est assez ! J'en ai assez !"

Avez-vous déjà atteint ce stade de votre vie où vous vous dites : "J'en ai assez de ce travail !".

"J'en ai assez de cette façon de vivre !"

"J'en ai assez de ces problèmes !"

"J'en ai assez de ce gâchis !"

"J'en ai assez de mon apparence !"

"J'en ai assez de ne pas pouvoir m'offrir les choses que je veux !"

C'est là que j'en suis arrivé dans ma vie et je suis heureux de l'avoir fait, car je peux maintenant regarder en arrière et constater que la richesse et le succès considérables dont je jouis aujourd'hui sont dus au fait que j'ai finalement résisté à ces frustrations.

J'ai découvert l'art et la science de la création d'un MOMENT INSTANTANÉ.

Au début, je pensais que mon système de création d'une dynamique instantanée n'était qu'un coup de chance unique. Il a fonctionné pour me permettre de créer ma propre entreprise. Je l'ai ensuite utilisé pour acheter une nouvelle maison et cela a fonctionné également. Puis je l'ai utilisé pour obtenir 250 037 $ en seulement 7 jours. Au fil du temps, j'ai continué à utiliser le SYSTÈME DU MOMENT INSTANTANÉ pour obtenir des choses meilleures et plus grandes. Elles n'ont cessé d'arriver ! *L'argent. Les relations. Les maisons. Les voitures. Les emplois. La santé. Le bonheur. C'était incroyable.*

Je suis passé d'un échec total à un succès du jour au lendemain en un temps record. J'avais plus d'argent que je ne savais quoi en faire. L'entreprise que j'avais lancée a explosé et, en quelques mois, je suis passé de rien à des dizaines de milliers de dollars. La demande pour moi et mon entreprise augmentait aussi rapidement. Je ne partage pas ces informations avec vous pour me vanter, mais simplement pour vous montrer CE QUE LE MOMENTUM PEUT FAIRE POUR VOUS - si un EX-NO-HOPER comme moi peut le faire, vous pouvez sûrement le faire aussi !

Jeff Wellman

En mars 2007, j'ai appris que j'allais perdre l'emploi que j'occupais depuis deux ans. Cela n'aurait pas été si grave si je n'avais pas abandonné un emploi que j'avais occupé pendant 20 ans pour pouvoir enfin commencer à avancer. Après avoir quitté le corps des Marines en 1983, j'ai travaillé dans une ferme laitière pendant 20 ans.

Tant de promesses m'ont été faites.

Des prestations de santé qui semblaient changer et empirer au fil du temps. Au bout de 20 ans, j'avais droit à 10 jours de vacances que je ne devais prendre que lorsque cela convenait le mieux au calendrier des propriétaires pour leurs congés et leurs vacances. Les prestations de retraite n'ont jamais vraiment existé. Elles ont commencé après quelques années, mais n'ont jamais duré en raison des difficultés financières de l'exploitation.

Cela vous semble-t-il déjà familier ?

J'ai décidé d'accepter un emploi dans une usine. Il s'agissait d'une usine d'aliments pour bébés connue dans le monde entier, qui m'offrait la promesse d'un bon salaire, d'une bonne couverture médicale, d'une bonne retraite et d'un formidable programme de vacances. Tout était prévu pour moi.

Pendant les deux années qui ont suivi, tout s'est déroulé comme prévu. C'est ce qui m'a amené à dire au revoir à mon patron et à créer Layoff Your Boss Marketing.

Je voulais aider d'autres personnes à obtenir la même satisfaction que celle que j'étais prêt à recevoir. Avant le grand licenciement de l'usine, je suis entré dans le bureau du patron et je lui ai dit qu'il était fini. Je n'avais plus besoin de lui et il était temps pour moi de prendre ma vie en main et d'agir.

Peu de temps après, mon fils m'a envoyé des billets d'avion pour se rendre chez lui, à Atlanta, en Géorgie, où j'allais m'entraîner sous sa direction pendant quelques jours et apprendre les rouages du marketing sur Internet. Il faut aimer avoir un fils qui réalise déjà plus d'un million de chiffre d'affaires par an. Il est un excellent mentor.

En l'espace de trois semaines, j'ai mis au point un produit après avoir assisté à l'événement "Get Your Product Done" de Ken McArthur, qui se déroulait par hasard au même moment, alors que j'étais à Atlanta. J'ai lancé mon premier produit, Layoff Your Boss, le 22 mai, trois semaines seulement après avoir commencé, et j'ai généré plus de 104 000 euros au cours du premier mois.

Aujourd'hui, 4 mois plus tard, je suis en train de lancer mon deuxième produit où j'enseigne aux autres comment non seulement licencier le patron, mais aussi comment devenir le patron et diriger leur propre entreprise avec succès. Je ne connais aucun d'entre vous qui lisez ceci en ce moment. Je ne sais pas quels sont les problèmes auxquels vous êtes confrontés. Je ne sais pas quelles décisions vous avez déjà prises. Je ne sais pas si vous êtes déjà à votre compte ou si vous êtes juste en train de vérifier si cela vous convient ou non.

Mon objectif principal est de faire de mon mieux pour vous aider à vous découvrir un peu plus et, je l'espère, vous aider à prendre des décisions importantes dans votre quête de succès dans votre entreprise. Mon seul espoir est qu'en sortant de l'appel ce soir, vous puissiez dire que le nouveau m'a aidé à découvrir quelque chose que je n'avais jamais vu auparavant. Peut-être que je vous aiderai à décider si oui ou non c'est le bon secteur d'activité pour vous. Nous apportons tous quelque chose de nouveau au jeu. Chacun d'entre nous a quelque chose d'unique à offrir. Si je peux devenir un spécialiste du marketing sur Internet, je pense que vous le pouvez aussi.

Je ne vais pas commencer par vous embrouiller dès le début ou vous mentir en vous faisant croire que c'est la chose la plus facile que vous ayez jamais faite. Il ne s'agit pas d'une "pilule magique" que vous prenez et qui vous rendra soudainement riche. Comme vous l'avez peut-être déjà appris à vos dépens, cela n'existe pas... et n'existera jamais. Vous devez avoir la volonté de réussir, la soif d'apprendre, la volonté d'aller jusqu'au bout...

Et si vous ne souhaitez pas consacrer du temps et de l'énergie à la création de votre entreprise ou à la réalisation de tous ces grands rêves dont vous avez toujours rêvé, alors je vais vous dire tout de suite que vous perdez votre temps en écoutant cet appel. Vous pouvez retourner prier pour qu'une de ces "pilules magiques" commence à fonctionner comme par magie. Avant d'entrer dans le vif du sujet, je voudrais vous demander de vous mettre dans le bon état d'esprit et de vous préparer à regarder honnêtement où vous en êtes en ce moment.

Ma première question est de savoir si vous avez ce qu'il faut pour devenir un spécialiste du marketing sur Internet. J'espère vraiment que votre réponse est "Oui". Car c'est le cas. Vous devez simplement décider si vous ferez ce qu'il faut pour régler quelques détails et problèmes qui se trouvent actuellement sur votre chemin. Alors, avez-vous ce qu'il faut pour réussir en tant que spécialiste du marketing sur Internet ? Je me suis récemment posé cette question. J'ai récemment fait une promotion pour un ami qui, je le savais, allait être la meilleure chose que j'aie jamais faite depuis que je suis devenu mon propre patron en tant que spécialiste du marketing en ligne.

J'étais très motivée par la promotion que j'avais préparée pour le lancement de mon ami. J'avais tout préparé. J'ai passé beaucoup de temps à faire des vidéos, à obtenir le bon email, j'étais probablement aussi excité, sinon plus, par le lancement que le gars qui le lançait, mon état d'esprit était fantastique. J'avais un bonus à offrir, peut-être pas aussi important que d'autres qui le font depuis un certain temps, mais un bonus quand même, je pensais avoir fait du bon travail en préparant ma liste d'abonnés et je croyais à 100 % au produit. Le produit dont je faisais la promotion était excellent. La seule chose qui, à mon avis, pourrait ralentir le processus est la page de vente, mais dans l'ensemble, c'était plutôt bien. Je me suis tellement amusé à préparer ce lancement que c'en était incroyable.

Le jour du lancement est enfin arrivé. Je me suis levée tôt et je suis allée au bureau, je me suis assurée que mon courriel était prêt à être envoyé et je me suis assise et j'ai regardé l'horloge. J'ai demandé au promoteur de me faire savoir quand la page de vente serait prête pour que je puisse prendre de l'avance. Je faisais tout ce qu'il fallait.

Le site est LIVE lisez le message, et 25 minutes d'avance. Oui ! J'ai envoyé l'e-mail avant que le texte ne soit sec sur le message que mon ami m'a envoyé. J'étais plus excité que jamais. Vous ne pouvez pas imaginer les ventes qui ont commencé à affluer grâce à mon travail acharné et à mes efforts.

4 grosses ventes ! Oui, vous avez bien lu, seulement 4 ventes 8 heures après le début de la promotion. À ce moment-là, je devenais insupportable à fréquenter. Tout le travail que j'ai fait. Cela n'en valait même pas la peine. Je ne ferai plus jamais de promotion aussi intense. Je pense qu'il est temps de manger des vers. La semaine précédente, j'ai fait la promotion d'un produit dont je pensais qu'il ne marcherait pas aussi bien que ça et il a fait mieux que ça. J'étais tellement contrarié que j'ai fermé le bureau et je suis retourné dans l'allée, où j'ai commencé à être insupportable pour tout le monde. Ma femme a emmené les enfants à la bibliothèque, ce qui, j'en suis sûr, avait pour but d'éloigner le grincheux. Maintenant, j'ai de nouveau le temps de réfléchir tout seul. Voici ce que j'ai trouvé :

J'ai essayé de donner des conseils à d'autres personnes sur ce même sujet. Je leur demande toujours : pensez-vous avoir ce qu'il faut pour devenir un spécialiste du marketing sur Internet ? Je leur explique ensuite quelles sont les qualités dont je pense qu'il faut faire preuve pour gérer avec succès une entreprise de marketing sur Internet. Eh bien, c'était à mon tour de me faire poser la même question. C'est encore moi qui posais la question.

J'ai d'ailleurs décidé de le faire ; je vais réussir.

Pendant que je réfléchissais, j'ai trouvé 5 qualités qu'un spécialiste du marketing sur Internet devait posséder pour réussir. Et voici ce que j'ai trouvé :

La première qualité que l'on doit posséder ou développer pour réussir dans le marketing Internet est la volonté d'apprendre et d'être formé. Lorsque nous nous engageons sur les chemins inconnus du marketing Internet, nous découvrons rapidement que nous ne savons pas tout ce que nous devons savoir.

Cela se produira très rapidement. Je peux vous le dire d'après mon expérience. Vous commencez à douter que vous pourrez un jour apprendre tout ce qu'il y a à savoir et vous remettez en question votre capacité à réussir. Il y a une tonne de choses à savoir, depuis les compétences techniques jusqu'à l'établissement de relations personnelles. Je pourrais passer plusieurs minutes à vous dire tout ce que vous devrez apprendre et je n'aurais pas fini la liste. Cela devient parfois insurmontable.

Ce que vous devez faire, c'est vous concentrer sur les talents naturels que vous avez à offrir. Ensuite, creusez et commencez à faire des recherches, à étudier et à assimiler. Vous découvrirez chaque jour de nouvelles compétences. Parfois, après plusieurs tentatives, vous parviendrez enfin à faire fonctionner quelque chose et vous prendrez du recul en riant de vous-même. Ou bien vous serez comme moi. J'appellerai rapidement mon fils Keith Wellman ou je lui enverrai un courriel pour lui faire part de ma grande réussite.

Parfois, je réussis quelque chose après plusieurs essais et je suis tout excité par ce que je viens de faire, puis je recommence et rien ne se passe. Alors, je recommence jusqu'à ce que ça marche. Bien sûr, j'ai écrit les étapes que j'ai suivies cette fois-ci. Ce sont les essais et les erreurs qui ouvrent la voie à la réussite. Mais il faut d'abord essayer. Vous ne devez pas tout apprendre du jour au lendemain. Vous devez simplement avoir le désir d'apprendre. Acceptez les suggestions des autres. Demandez de l'aide si vous en avez besoin.

N'oubliez pas une chose : vous n'êtes pas obligé de tout faire vous-même. S'il y a un domaine que vous ne comprenez pas, demandez l'aide de quelqu'un qui comprend. Ne vous concentrez pas tellement sur l'apprentissage d'une matière que vous n'arriverez jamais à rien faire.

La _deuxième qualité_ que vous devez posséder ou développer est la volonté d'investir du temps et des efforts même si les résultats directs ne semblent pas du tout évidents. Et si la prochaine promotion que je fais ne donne pas de meilleurs résultats ? Je suppose qu'il est temps d'abandonner, n'est-ce pas ? Non, même si plusieurs mois peuvent s'écouler sans bonnes nouvelles, il est important pour quelqu'un qui veut réussir de tenir bon et d'attendre.

Vous devez posséder cette qualité pour réussir. C'est cette qualité qui vous évitera d'abandonner après vous être beaucoup investi dans l'entreprise. Je dois être prêt à consacrer à la prochaine promotion ou au prochain projet la même qualité de temps qu'à celui qui n'a pas donné de bons résultats.

Si quelque chose n'a pas fonctionné comme vous le pensiez, prenez le temps d'essayer de le comprendre. Si vous n'y arrivez pas, demandez à quelqu'un s'il pense que vous auriez dû faire quelque chose de différent. Mais investissez votre temps à bon escient. Ne vous attardez pas trop longtemps sur les échecs. Oui, il est bon de comprendre pourquoi quelque chose a échoué afin de pouvoir corriger les choses. Mais il se peut que vous ne sachiez jamais vraiment de quoi il s'agit. Il se peut même que vous refassiez exactement la même chose et que cela fonctionne.

La <u>troisième qualité</u> que vous devez posséder ou développer est la discipline. Parfois, je n'aime vraiment pas ce mot. Pour moi, il évoque la punition. Parfois, apprendre à se discipliner soi-même n'est pas plus amusant que ce que mes enfants pensaient quand je les disciplinais. Mais il est nécessaire d'apprendre cette qualité. Savez-vous combien il est facile de ne pas se lever et d'aller au bureau quand on travaille à la maison ? Vous vous dites que vous pouvez le faire quand vous voulez. Alors, vous repoussez l'échéance et bientôt quelque chose d'autre entre en ligne de compte et vous vous retrouvez à ne pas y aller du tout. Vous n'avez rien fait du tout. Après tout, la liberté de travailler à votre convenance est l'un des grands avantages du marketing sur Internet.

Il y a des choses à faire, vous devez donc vous discipliner et établir un calendrier pour les accomplir. Si une partie de pêche se présente à l'improviste, ne soyez pas stupide et ne vous y rendez pas. Après tout, c'est vous le patron. Vous devez apprendre à travailler chaque jour avec toute l'énergie que vous pouvez trouver. Une fois que vous aurez appris à vous discipliner correctement, vous serez sur le point d'atteindre tous les objectifs que vous vous êtes fixés au départ.

La quatrième qualité que vous devez posséder ou développer est l'autodétermination. Si vous voulez conquérir le monde de l'Internet Marketing, vous devez avoir la capacité de vous pousser en avant. Ne jamais avoir à dire " j'arrête ", " j'abandonne ", " je n'y arrive pas ", " ce n'est pas possible ", est une qualité que chaque spécialiste du marketing sur Internet doit posséder. Si vous avez la détermination de faire fonctionner quelque chose, vous y arriverez !

Mon plus gros problème est que je m'installe à mon bureau pour essayer de comprendre quelque chose et que je n'y arrive pas. Vous avez entendu ce que je viens de dire ? Je viens de dire : "Je n'y arrive pas !" Le problème, c'est que je peux le faire, mais je n'ai pas encore trouvé comment. Mais j'y arriverai ! Vous y arriverez aussi si vous trouvez le moyen de posséder la qualité de l'autodétermination. SI vous n'y arrivez pas tout seul, demandez à quelqu'un qui sait déjà comment faire. Dites "Je n'arrive pas à comprendre", demandez à quelqu'un de vous montrer comment faire ou de vous guider. Je suis parfois tellement têtu que je suis pire qu'un enfant de 2 ans.

Je ne demande pas d'aide parce que je veux le faire moi-même. Mieux encore, je laisse mon orgueil me barrer la route. Je ne veux pas demander parce que je ne veux pas que les autres sachent que je ne peux pas faire quelque chose. Tout le monde va de l'avant, tandis que je reste frustré à mon bureau en essayant de comprendre ce que les autres viennent de faire. Parfois, il faut être tellement déterminé qu'il faut laisser le moi s'écarter du chemin pendant quelques secondes. J'espère que vous avez compris.

Vous rencontrerez également des moments qui impliqueront une certaine forme de risque. Qu'il s'agisse d'un petit ou d'un grand risque. Que ferez-vous ? Suivez votre intuition. S'il s'agit d'un risque majeur qui affecte plusieurs vies, demandez conseil si vous n'êtes pas sûr de vous. Mais ce sont parfois les risques ou les opportunités que nous prenons qui mènent au plus grand succès. La capacité de vous motiver à prendre des risques vous aidera à aller plus loin et à atteindre des sommets que vous n'auriez jamais imaginés au début de votre quête du succès.

La <u>cinquième qualité</u> que l'on doit posséder ou développer est l'optimisme. J'entends déjà mon fils Keith dire : "Papa, arrête avec toutes ces attitudes négatives et ces conneries. Vous vous en sortez très bien. Je n'arrive pas à croire tout ce que tu as appris et tout le chemin que tu as parcouru en si peu de temps. Il faut que vous arrêtiez de vous faire du mal. Toute cette négativité va vous démolir et vous détruire plus vite que n'importe quoi d'autre.

Vous devez vous mettre dans un meilleur état d'esprit dès maintenant, ou vous pourriez tout aussi bien arrêter et retourner travailler pour quelqu'un d'autre. Ne laissez pas tout ce qui va mal vous décourager de poursuivre les choses que vous recherchez et qui rendront la vie meilleure pour vous et pour toutes les personnes concernées". Je crois que je vous écoute en ce moment, Keith. Je vous remercie. Chacun d'entre nous a la capacité de réussir. Elle est en nous ; il suffit de creuser et de chercher jusqu'à ce que nous la trouvions. Votre destin est entre vos mains.

Vous devez trouver la bonne attitude pour que tout se passe bien pour vous. Je crois que Dieu donne tout ce qui est bon, mais il dit aussi que nous devons travailler pour obtenir les choses qu'il a en réserve pour nous. Croyez-vous en vous-même ? Dieu ne crée pas d'échecs. Vous êtes fait pour réussir ! Il vous suffit de commencer à vivre et à obtenir les choses que vous méritez, les choses qui vous sont destinées. Vous n'avez pas besoin de connaître le succès du jour au lendemain. Il vous suffit d'être OPTIMISTE pour réussir.

Si vous croyez en vous, le succès est à votre portée. Tous

les autres autour de vous peuvent vous encourager et croire dur comme fer que vous allez réussir, vous échouerez finalement sous leurs yeux si vous n'avez pas FOI en VOUS-MÊME. Si vous pensez que vous ne pouvez pas y arriver. Je pense que vous avez raison. Vous ne pouvez pas. Mais Dieu dit que vous êtes quelqu'un qui en est digne. S'il le dit, vous feriez mieux de commencer dès maintenant à y croire. Je suis la preuve vivante que croire en soi peut vous faire passer du désespoir pur à une vie qui vous apporte joie, paix et stabilité. Je ne vais pas parler de ma vie, car quelqu'un pensera que la sienne est pire, et je ne comprends pas pourquoi il ne peut pas sortir du gouffre dans lequel il se trouve actuellement. Je ne sais peut-être pas quelle est votre situation, mais je sais qu'il est possible de se relever si on le veut.

Les vraies questions sont les suivantes :

Avez-vous la volonté d'apprendre et d'être formé ?

Avez-vous la volonté d'investir du temps et des efforts dans votre entreprise ? (même lorsque les résultats directs ne semblent pas évidents)

Avez-vous la discipline nécessaire pour rester concentré et ne pas devenir paresseux ?

Avez-vous suffisamment d'autodétermination pour continuer à avancer même lorsque les choses semblent un peu difficiles, ou lorsque vous ne comprenez pas quelque chose ? Ou bien les mots "abandonner", "je ne peux pas", "ce n'est pas possible" reviendront-ils dans votre vocabulaire ?

Avez-vous suffisamment d'optimisme pour savoir que vous pouvez réussir ? Croyez-vous que vous êtes digne du succès qui est censé être le vôtre ?

Il y a plusieurs autres qualités que vous pourriez trouver. Je pense que si vous êtes faible dans l'une de ces cinq qualités, vous devez trouver en vous la force de renforcer celles qui sont les plus faibles. Voilà, c'est fait. Laissez-moi vous demander à nouveau si vous avez ce qu'il faut pour réussir dans le marketing Internet. Votre entreprise ne prospérera que si vous possédez déjà les cinq qualités susmentionnées ou si vous apprenez à vous en doter.

Chacune de ces qualités peut certainement être obtenue. Il vous suffit de déterminer ce que vous ferez pour posséder celles que vous n'avez pas encore.

N'oubliez pas que vous n'êtes pas obligé de tout faire vous-même.

Trouvez quelqu'un qui vous aidera à vous responsabiliser pour développer les traits de caractère ci-dessus. Tout bon spécialiste du marketing demande de l'aide lorsqu'il en a besoin. Trouvez un bon mentor qui pourra vous aider à atteindre vos objectifs. Un mentor qui n'a pas peur de vous dire que vous devez consacrer plus de temps à votre entreprise. Un mentor qui vous dira que vous devez développer un état d'esprit totalement différent avant de vous enfoncer.

Je me souviens des quelques semaines qui ont suivi le lancement de mon produit www.layoffyourboss.com. J'ai envoyé mon premier courriel à ma toute nouvelle liste. L'un des premiers courriels que j'ai reçus en retour était le suivant : "Pouvez-vous être mon mentor, s'il vous plaît ? Je ferai tout ce que vous me direz de faire pour réussir".

Ce type plaisantait-il ? Je suis moi-même novice, alors je lui ai répondu en lui disant qu'il devait trouver quelqu'un qui savait vraiment ce qu'il faisait et lui demander. Il m'a répondu qu'il allait de toute façon observer et apprendre de tout ce que je faisais parce qu'il avait vu en moi une qualité qu'il n'avait vue chez personne d'autre. Il m'envoie encore des courriels aujourd'hui. Il continue à m'observer et à apprendre de moi. C'est un sentiment agréable que de pouvoir aider. Nous possédons tous des qualités particulières que nous pouvons mettre à profit dans notre entreprise. Celles que nous possédons déjà, nous devons apprendre à les utiliser à notre avantage. Celles que nous ne possédons pas encore, nous les découvrons et les développons en cours de route avec l'aide d'autres personnes qui possèdent les compétences qui nous manquent.

N'oubliez pas que vous n'êtes pas obligé de tout faire vous-même.

J'aimerais maintenant vous parler de certaines choses auxquelles vous devriez commencer à penser avant de vous lancer dans l'aventure. Une fois que vous aurez réalisé que vous avez ce qu'il faut pour réussir dans les affaires, vous devrez vous poser quelques questions. Me suis-je concentré sur un produit ou un service spécifique ? En règle générale, les spécialistes obtiennent de meilleurs résultats que les non-spécialistes. Pensez-y dans n'importe quel domaine : commerce de détail, immobilier et alimentation (où avez-vous acheté votre dernière pizza à emporter, regardez maintenant et voyez si une spécialisation ou une orientation plus poussée améliorerait vos chances de réussite ?

Plus il est spécialisé, mieux c'est.

Votre plan de marketing sert-il un créneau particulier ? Et est-ce que je comprends la différence entre trouver une "niche" de marché et aller à l'encontre de ce que veut le public ? Par exemple, si vous vendez des leurres de pêche, vous découvrez quel est le leurre le plus recherché par la majorité des acheteurs. Offrez-leur ce leurre plutôt que d'essayer d'être unique et de leur proposer un leurre différent dont vous pensez qu'ils ont besoin. Il est important que votre page de vente et votre publicité sortent du lot. Vous devez trouver un moyen unique d'attirer le client, mais lorsque vous l'avez attiré, vous devez lui donner ce qu'il veut.

Mon plan d'entreprise est-il complet et écrit ? Comprend-il une planification avant l'ouverture, pendant la première année et à long terme ?

Me suis-je concentré sur la vente d'un excellent produit à un prix équitable plutôt que sur la vente d'un produit équitable à un excellent prix ?

Comment allez-vous commercialiser votre produit et que faut-il faire pour promouvoir les ventes ? Toutes les entreprises ont des stratégies de marketing qui fonctionnent généralement mieux et qui ont déjà été éprouvées par vos concurrents les plus prospères. Vous pouvez bénéficier de leur expérience en copiant leurs plans de marketing, y compris leurs méthodes de vente, leurs prix et leur publicité. Dressez une liste des personnes les plus performantes dans votre secteur d'activité et observez ce qu'elles font et comment elles le font. Si cela fonctionne, utilisez-le. Si ce n'est pas le cas, ne le faites pas. Voyez si vous pouvez améliorer les systèmes qu'ils ont déjà mis en place.

Ai-je mis en place tous les outils de communication, informatiques et autres outils de travail ? Ai-je les compétences nécessaires pour les utiliser ?

Ai-je reconnu ma concurrence et mes limites ? Je n'ai pas les compétences techniques que certains peuvent avoir, ni les techniciens au bout des doigts pour me dire : "Faites-le pour moi". Le temps peut être un facteur limitant. Vous devez savoir exactement où vous en êtes et décider comment vous allez gérer chacun de ces facteurs.

Il y a tant de choses que vous devez examiner attentivement avant de décider de dire au revoir à votre patron. Mais lais-

sez-moi vous dire que cela vaut vraiment la peine de consacrer du temps et de l'argent pour ressentir ce sentiment
lorsque vous faites comme moi et que vous entrez dans le
bureau du patron pour lui dire que vous le licenciez.

Alors, à "vous" de licencier votre patron.
Jeff Wellman
Layoff Your Boss Marketing LLC